Urbina, Fernando/Púa, Giovanni
    Vida cotidiana de las culturas amerindias : aztecas, muiscas, uitotos, araucanos / Fernando Urbina, Giovanni Púa ; ilustraciones Nicolás Lozano. — Edición Ricardo Rendón. — Bogotá : Panamericana Editorial, 2001.
    164 p. : il. ; 23 cm. — (Interés general)
    ISBN 958-30-0777-3
    1. Indígenas de América 2. Culturas indígenas - América 3. Aztecas 4. Muiscas 5. Uitotos 6. Araucanos 7. Indígenas de América - Vida social y costumbres I. Púa, Giovanni II. Lozano, Nicolás, il. III. Rendón López, Ricardo Andrés, ed. IV. Tít. V.
Serie
980.0001 cd 19 ed.
AHE2164
    CEP-Biblioteca Luis-Angel Arango

Fernando Urbina R.
Giovanni Púa M.

Vida cotidiana de las culturas amerindias

Aztecas • Muiscas • Uitotos • Araucanos

Ilustraciones
Nicolás Lozano

Editor
Panamericana Editorial Ltda.

Dirección editorial
Alberto Ramírez Santos

Edición
Ricardo Rendón

Ilustraciones
Nicolás Lozano

Diagramación
Rafael Rueda Ávila

Diseño de carátula
Diego Martínez Celis

Primera edición, agosto de 2001

©2001 Fernando Urbina R.
©2001 Giovanni Púa M.
©2001 Panamericana Editorial Ltda.
Calle 12 No. 34-20. Tels.: 3603077 - 2770100
Fax: (57 1) 2373805
Correo electrónico: panaedit@panamericanaeditorial.com.co
www.panamericanaeditorial.com.co
Bogotá, D.C., Colombia

ISBN: 958-30-0777-3
ISBN: 958-30-0776-5 Obra completa

Todos los derechos reservados.
Prohibida su reproducción total o parcial
por cualquier medio sin permiso del Editor.

Impreso por Panamericana Formas e Impresos S.A.
Calle 65 No. 95-28 Tel.: 4302110 - 4300355. Fax: (57 1) 2763008
Quien sólo actúa como impresor.

Impreso en Colombia   Printed in Colombia

Contenido

Aztecas
La valentía de los mexica   **1**
Por G. Púa

Muiscas
El intercambio de las
mercancías y las ideas   **45**
Por G. Púa

Uitotos
Vísperas de baile   **75**
Por F. Urbina

Araucanos
La gente de la tierra   **121**
Por G. Púa

Bibliografía   **155**

Prólogo

No obstante el exterminio, los destierros, la ingratitud y la discriminación, los indígenas americanos se niegan a desaparecer. Los antiguos habitantes de estas tierras continúan presentes, cuando no de manera activa en sus campos y resguardos, de manera innegable en su cultura y tradiciones. También en los diversos comportamientos y formas de ver el mundo de esa gran masa de latinoamericanos que, a pesar de no asumirlo en muchas ocasiones, está ligada a ellos por los inquebrantables lazos que unen a lo originario con lo originado.

Nuestra estirpe se encuentra, entonces, con el mestizaje, esa irrepetible mezcla de lo indígena con lo europeo y lo africano. Descifrar y asumir ese mestizaje constituye la clave para entendernos y así convivir en un planeta que, a pesar de acercarse cada vez más a una cultura homogénea, sin matices, no deja de explorar constantemente complejas y muy diversas concepciones de mundo. Eso, en últimas, es el verdadero significado de la tolerancia.

Sin embargo, el menosprecio hacia lo aborigen está tristemente generalizado y no son muchas las iniciativas que existen para establecer un diálogo franco y constructivo en torno al desconocimiento que tenemos de nosotros mismos; el hecho de estar a medio camino entre la concepción occidental del mundo y un origen multiforme, en gran medida inconsciente, remoto y olvidado, nos ha privado de la posibilidad de aprovechar la riqueza de esas dos orillas.

Aquellos que ya han construido y cruzado el puente que comunica las dos orillas han inspirado este trabajo y, por supuesto, han sido guía permanente y a ellos van nuestros agradecimientos y admiración. Nos queda confiar en que este libro les sea útil a quienes comienzan a entender esto que consideramos la más preciada herencia de nuestros ancestros —negros, indígenas y blancos—, nuestro origen mestizo. Hemos querido tomar como punto de partida algunas de las más importantes culturas amerindias —bajo un punto de vista particular, como es el de intentar descubrir aspectos de su vida cotidiana, así como la manera en que se relacionaban, y aún se relacionan, con su entorno— con la intención de exponer a la luz el interlocutor tal vez más olvidado e incomprendido, y darle así la oportunidad de expresarse, a través de los detalles y la riqueza de su vida diaria, narrados como un relato.

De esa manera, y sólo para destacar algunos de los temas que esperan al lector a la vuelta de la página, asistiremos a un matrimonio azteca, intercambiaremos mercancías con los muiscas, conoceremos las adivinanzas (pruebas del saber) en un baile uitoto, y jugaremos chueca con los aguerridos araucanos.

Los editores

AZTECAS

La valentía de los mexica

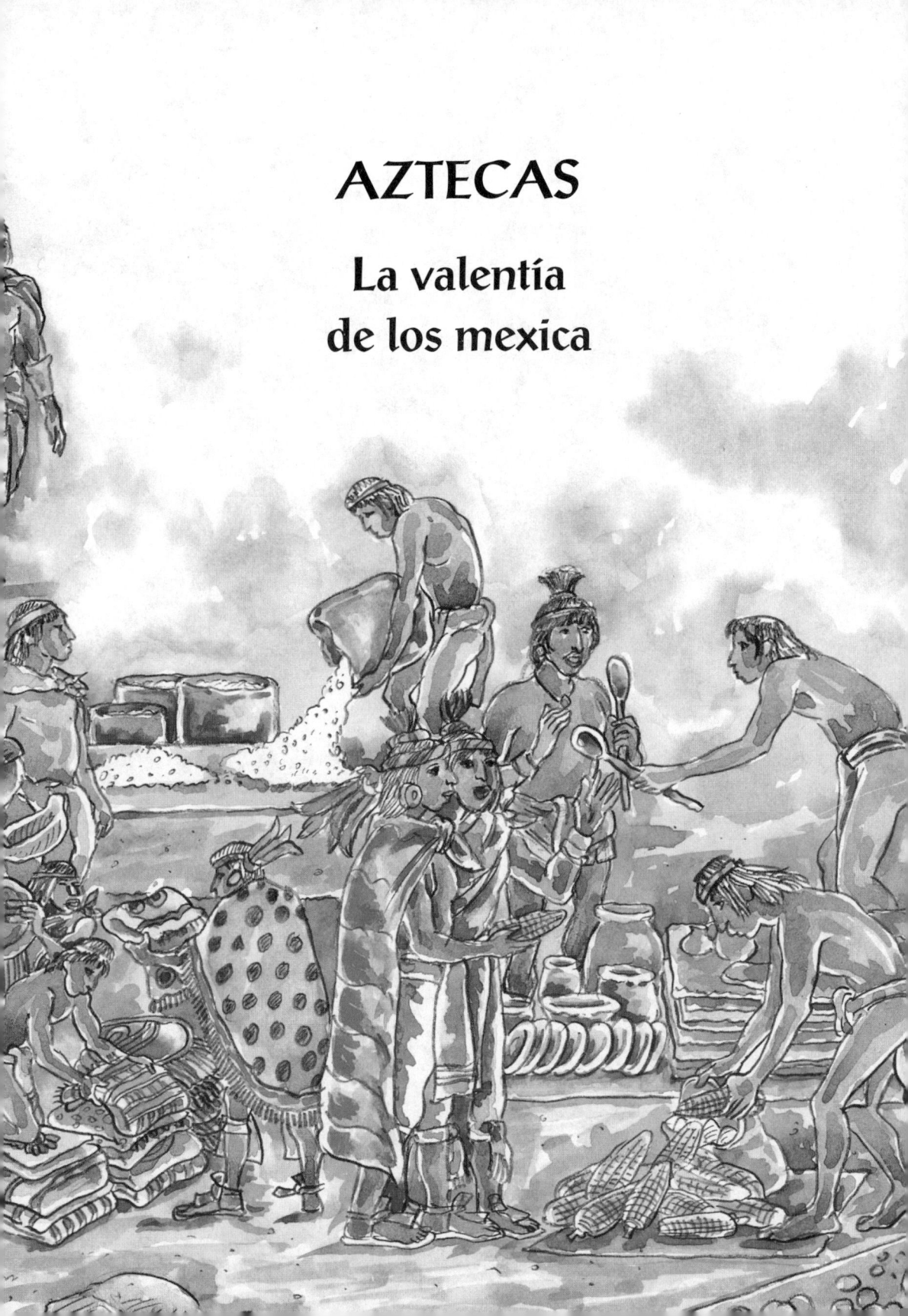

Prefacio

Uno de los tres grandes imperios existentes en la América precolonial (junto con los incas y los mayas) tenía su centro en la gloriosa ciudad denominada México-Tenochtitlán, donde hoy se encuentra la ciudad de México. Los aztecas o mexica llegaron a orillas del lago Texcoco hacia el año 1325 d.C; a la llegada de los europeos (1519) constituían un sólido imperio con características teocráticas y una organización social bien definida.

En el reinado de Moctezuma II, quien sucedió a su tío Ahuitzotl en 1502, el imperio estaba constituido por 38 provincias tributarias, además de pequeños territorios cuya situación política no era muy clara. En la capital, la división social del trabajo y la organización metropolitana denotaban sin duda una vida civilizada, la cual contrastaba con la tribu nómada mencionada que erró durante mucho tiempo buscando la señal para asentarse: un águila devorando una serpiente sobre un nopal. Allí se inició un arduo camino para convertirse en la esplendorosa cultura que encontraron Hernán Cortés y sus hombres al arribar a dichas tierras y de la que fueron causa de su derrumbe en 1521 cuando las huestes españolas, al masacrar a los habitantes de la ciudad, implantaron el poder colonial de la metrópoli española.

La siguiente es una presentación de las características más notables de un pueblo que veía en el Sol su sentido, en la naturaleza su inspiración y en la valentía su gran orgullo.

Corriendo a toda prisa, devorando caminos a grandes velocidades, sobrepasando los obstáculos naturales, tantos y tan difíciles en estas tierras, avanzaban un hombre y sus acompañantes. En verdad la ocasión ameritaba el grandioso esfuerzo realizado. Aunque su oficio era otro en este momento era el mensajero de una trascendental noticia, de una nueva que cambiaría de principio a fin la historia de su pueblo y sus vecinos, y también la de todo un continente.

Su nombre era Pínotl y desempeñaba el honroso cargo de recaudador de impuestos, aunque muy seguramente que los tributarios no pensarían que el cargo fuera tan honroso. El caso es que este *calpixqui* —tal era su título— debía llegar lo antes posible ante el gran emperador Moctezuma Xocoyotzin para dar testimonio de lo visto.

En junio de 1518 Pínotl estaba recorriendo parajes límites del sur del imperio, cuando avistó en el mar unas enormes torres aladas en cuyo interior distinguió hombres con profusas barbas y piel blanca. El *calpixqui* y sus acompañantes llamaron la atención de dichos seres con unas banderas y gestos amistosos; luego, comunicándose por señas, Pínotl logró abordar una de las torres aladas e intercambió algunos artículos con los visitantes.

¿Quiénes eran estos extraños? ¿A qué habrían venido? Eran preguntas que inquietaban al recaudador de impuestos en su camino a la capital.

Calpixqui recogiendo el tributo. (*Ilustración de Beltrán*).

Y de la misma manera esas fueron las tormentosas dudas que recayeron sobre el emperador en el momento de recibir a su funcionario.

Desde hacía varios años venían ocurriendo signos nefastos que preocupaban no sólo al gobernante, sino también a su pueblo. Se contaba que había nacido un niño con dos cabezas, que el viejo volcán Popocatépetl había entrado en actividad y, años antes, había aparecido en el cielo un signo aterrador, el *citlalin popoca* ("estrella que humea") un "pronóstico de la muerte de algún príncipe o rey, o de guerra o de hambre. La gente vulgar decía 'esta es nuestra hambre' "[1].

Por último, se hablaba de una mujer que, habiendo muerto de una rara enfermedad en la capital del imperio, se había levantado de la tumba con la finalidad de decir a Moctezuma Xocoyotzin que sería el último rey y que "vendrían gentes extrañas a gobernar y poblar México"[2].

Pero aparte de las terribles señales, lo que más preocupaba al glorioso *tlatoani* era el hecho de que esas extrañas figuras correspondían al séquito del glorioso dios Quetzalcóatl, que después de un largo destierro vendría a reclamar su trono en el Ce-Acátl (Uno Caña) —nuestro 1519— según contaban las tradiciones.

---

[1] SAHAGÚN, Fray Bernardino de, *Historia general de las cosas de Nueva España*. Vol. II, pág. 483.

[2] *Ibid.*, pág. 496.

En este momento era el mensajero de una trascendental noticia, de una nueva que cambiaría de principio a fin la historia de su pueblo.

Esas "torres aladas" que divisó el *calpixqui* imperial, entre admirado y perplejo, eran los barcos comandados por Juan de Grijalva, conquistador español enviado por Diego Velázquez —gobernador de la isla de Cuba—, para explorar las asombrosas tierras de lo que hoy es la República de México.

El formidable imperio que regía Moctezuma II cayó definitivamente el 13 de agosto de 1521, luego de una serie de dolorosos hechos —entre ellos la muerte del monarca y de su sucesor—, ante la asombrosa astucia de Hernán Cortés y sus capitanes, los cuales, sedientos de oro y enceguecidos por la concepción ortodoxa de su doctrina, arrasaron con la legendaria ciudad llamada México-Tenochtitlán.

MÉXICO-TENOCHTITLÁN

El valle de México, a 2.300 metros sobre el nivel del mar, estaba conformado antiguamente por cinco lagos resguardados por varios cerros. El origen de la palabra México aún es asunto de discusión, pero la versión más aceptada refiere que proviene de las palabras *metztli* ("luna") y *xictli* ("ombligo"). Luego México significaría "ciudad que está en medio del lago de la Luna". En cambio, existe consenso acerca del nombre Tenochtitlán que significa "nopal de tuna dura".

Representación española de la capital azteca, Tenochtitlán.

Los aztecas, al igual que muchos pueblos que allí se encontraban, no eran originarios del valle; es más, su nombre recuerda el pueblo que se sitúa como su lugar de origen: Aztlán, lugar de garzas, punto mítico de origen de un grupo nómada de características guerreras que se encontraba lejos, muy lejos del esplendor imperial que lograría más tarde. El recorrido de este pueblo en busca de un lugar para asentarse duró varios años y al parecer se inició en el siglo XII d. C.

A su llegada al Anáhuac[3], o valle de México, hacia el siglo XIII d. C., tuvieron que contentarse con el peor lugar y con las zonas pantanosas, pues las otras tribus allí establecidas ocupaban los sitios donde se podía sembrar y cosechar sin mayor dificultad. Esto obligó al surgimiento de la técnica de las *chinampas*: sobre el sedimento hecho naturalmente por el lago, ellos construían jardines con hierbas y lodo que mantenían juntos mediante estacas y árboles de mimbre. Aún hoy se conservan *chinampas* en sectores como Xochimilco. Éstas se diferencian de las *milpas*, que son parcelas cultivadas en tierra firme.

La tribu nómada azteca buscaba una señal de sus dioses, algo que les permitiera saber con certeza dónde ubicar su ciudad para hacer allí sus casas y sus templos, en especial a su dios Huitzilopochtli. La señal se dio en el Ome-Acátl, Dos Caña (1325 d.C.) cuando vieron un águila devorando una serpiente sobre un nopal. Al parecer, esto ocurrió a unos 300 metros de lo que hoy se conoce como El Zócalo, al noroccidente de la actual catedral.

Comenzó entonces el notable proceso que convirtió a una tribu guerrera en un pueblo civilizado. Dentro de las ciudades-estado que se encontraban asentadas en la región lacustre del valle, resaltaban también Tlatelolco, Colhuacán, Azcapotzalco y Texcoco, entre otras. La segunda de ellas mantuvo el poder regional hasta el año de 1427, cuando fue derrocada por una rebelión que reunió a Itzcóat, gobernante mexica, con sus vecinos.

El secreto de la expansión de los mexica fue su enorme capacidad para asimilar los estados vecinos. Por supuesto, eran fieros guerreros; de sus

---

[3] *Anáhuac*: "borde del agua". Los aztecas designaban así a la costa marítima. Esta palabra fue transferida erróneamente por los europeos al altiplano montañoso del interior.

confrontaciones obtenían lucrativos botines que compartían con sus aliados. Además, poseían una visión integradora reflejada en la aceptación de los dioses de sus vecinos, a los cuales rendían culto.

Tlatelolco era una ciudad independiente, con características similares a Tenochtitlán, y se había convertido en un vecino peligroso. Su gobernante Maquixtli fue el causante de una guerra al maltratar a su esposa, hermana del emperador mexica Axayáctl. Cuando en 1473 los aztecas invadieron Tlatelolco, su gobernante murió al ser arrojado desde una pirámide mientras el templo ardía en llamas.

La base territorial de la gran ciudad eran los *calpulli*, también llamados *chinancalli*, que se pueden extender como barrios o localidades. El dios Huitzilopochtli ordenó que la capital se dividiera en cuatro secciones: Cuepopán, Teopán, Moyotlán y Aztacalco. Los españoles conservaron esta división, pero nombrándolas con santos cristianos. Cada *calpulli* era administrado por un jefe electo llamado *calpullec*. Dichas entidades poseían un adoratorio propio, donde se rendía culto a los dioses más cercanos a los pobladores, y tenían atribuciones locales.

La vivienda corriente era monofamiliar, con una cocina, una alcoba donde dormía toda la familia, y un pequeño santuario doméstico; el baño se encontraba aparte. Por lo general, ninguna casa estaba construida sobre la totalidad del terreno, que casi siempre limitaba con alguno de los canales, algo muy útil si el cabeza de familia era un comerciante, pues el mejor medio para el transporte, tanto de mercancías como de alimentos, eran las canoas.

La vivienda de los dignatarios, en cambio, tenía un gran número de habitaciones en torno de un patio central: cuartos destinados a fines sociales, dormitorios, cocinas, habitaciones para esclavos, etc. Por ejemplo, se dice que Netzahualcóyotl, el rey-pensador de Texcoco, tenía 300 habitaciones entre despachos públicos y apartamentos privados.

Además, se encuentran sorprendentes testimonios referidos a la existencia, en sus palacios, de enormes jardines con especies exóticas y gran variedad de animales que conformaban un zoológico. Los conquistadores comparaban el ruido de estos animales con el que debía escucharse en los infiernos.

A principios del siglo XVI se había logrado la cohesión del imperio, el cual en términos estrictos debería ser llamado "confederación", pues se

"... y andando de una parte en otra devisaron el tunal, y encima del águila con las alas extendidas hacia los rayos del sol".

Fray Diego Durán

componía de ciudades-estado con autonomía propia. Se podría hablar de una tríada fundamental conformada por Tenochtitlán, Texcoco y Tlacopán, aunque en la práctica, durante el momento histórico mencionado al comienzo, las dos últimas habían perdido atribuciones con respecto del soberano azteca y sus gobernantes, si bien en teoría se igualaban a dicho monarca.

La Venecia de América hacía honor a su característica de ciudad lacustre, pues se podía ingresar en canoa hasta el mismo palacio de Moctezuma. Estaba conectada con las orillas del lago por tres calzadas que, a su vez, servían de diques. La calzada norte partía de Tlatelolco y llegaba hasta el Tepeyac, cercano al santuario en donde se adoraba a Tonantzin, la diosa terrestre, en el lugar donde hoy encontramos la Basílica de Nuestra Señora de Guadalupe.

La calzada sur se dividía en dos, una que terminaba en Coyoacán y la otra en Ixtapalapán. La tercera, la occidental, unía la capital con la ciudad asociada de Tlacopán. La calzada que llegaba a Ixtapalapán tenía cerca de ocho kilómetros de largo.

El esplendor de la gran ciudad estaba representado por sus grandes templos y palacios. El magnífico paisaje urbano que presentaba la plaza central estaba dominado por el imponente templo doble llamado Templo Mayor. Ya mencionamos que los guerreros

Trabajo de la tierra, desde la siembra de semillas, hasta la venta del producto en el mercado.
Fray Diego Durán.

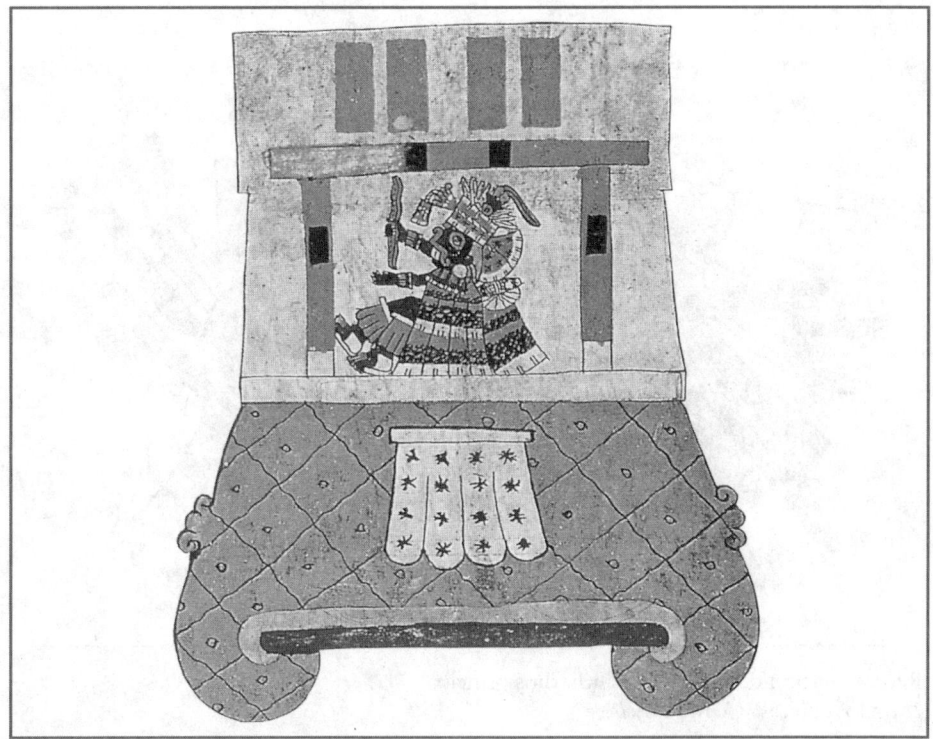

Tlaloc en su templo en el cerro.
Ilustración del *Códice borbónico*.

nómadas, los aztecas del éxodo indiano, tenían por deidad a Huitzilopochtli[4]. Cuando este pueblo adoptó las tradiciones y sabiduría de los originarios del valle, asumieron también al dios Tlaloc, adorado como personificación de las lluvias generosas, tan indispensables para pueblos de agricultores. Pues bien, el grandioso templo central, en la parte superior, estaba dedicado por igual a las dos divinidades.

Además, se construyeron templos para el dios Tezcatlipoca ("espejo que humea") señor del destino; Yaotl ("el enemigo"), otra acepción del ante-

---

[4] Huitzilopochtli que significa "colibrí de la izquierda", se asociaba con los guerreros muertos en acción, quienes luego de morar en la casa del Sol, viven por siempre en forma de colibríes.

Representación de Huitzilopochtli, dios principal entre los aztecas. *Códice tudela*.

rior; Telpochtli ("el joven"); Cihuacóatl ("mujer serpiente"), diosa madre; y uno muy particular, dedicado al dios civilizador Quetzalcóatl ("serpiente emplumada"), de forma circular y con una escalera como entrada en forma de boca de serpiente; por esta razón el cronista Bernal Díaz lo asemejó al infierno.

Fue total la admiración de los españoles por la imponente capital de los mexica, por las anchas y derechas calzadas, las viviendas, unas en tierra firme y otras en el agua, los grandes *cues*[5] y adoratorios. Un cronista lo expresó así: "Y aún algunos de nuestros soldados decían que si aquello que vían, si era entre sueños, y no es de maravillar que yo lo escriba aquí de esta manera, porque hay mucho que ponderar en ello

---

[5] *Cue*: "templo indígena". Es una voz maya adoptada por los españoles para designar estos lugares.

que no sí cómo lo cuente: ver cosas nunca oídas, ni vistas, ni aun soñadas, como víamos"[6].

Otro aspecto que impresionó notablemente a los recién llegados fue los mercados. Los antiguos mexicanos ofrecían infinidad de mercancías de manera similar a como se hace en muchas plazas de mercado de la América Latina de hoy, tendiendo mantos sobre el piso donde colocaban sogas, herramientas, sandalias y cueros de jaguar y venado. Más adelante se podían ver los productos de la tierra como legumbres, frijoles, chiles, hierbas y maíz; de otro lado se encontraban los pavos, conejos, liebres, perrillos —los cuales eran un preciado alimento, que engordaban como se hace actualmente con los cerdos— y venados. Más allá estaban los artículos de madera como sillas, cunas, vigas, etc. Por todas partes los comerciantes ofrecían golosinas y comida para los transeúntes: tortillas, atole —hecho con masa de maíz y condimentado con chile o endulzado con miel— y otros comestibles. En otro lugar estaban los esclavos, esperando que alguien pagara por ellos.

Respecto de los artículos que se comerciaban y a su enorme variedad son explícitas las palabras del mismo cronista: "Eran tantas de diversas calidades que para que lo acabáramos de ver e inquirir, qué como la gran plaza estaba llena de tanta gente y toda cercada de portales, en dos días no se vería todo"[7].

Bernal Díaz en su texto se refiere a la plaza de Tlatelolco, por la cual pasaban diariamente entre veinte y veinticinco mil personas, y con ocasión del día de mercado —cada cinco días— entre cuarenta a cuarenta y cinco mil. De otra parte, la plaza central de la ciudad también servía como mercado, aunque allí era menor la afluencia de público.

Todo esto hacía parte del grandioso conjunto que formaba la capital azteca, lugar de residencia, según algunos estudiosos, de 300 mil personas y según otros, de más de medio millón. Lo cierto es que esta ciudad imperial estaba en plena evolución a la llegada de los conquistadores, pero, ¿cómo eran sus habitantes?

---

[6] DÍAZ del Castillo, Bernal. "Entrada de Cortés en México". En: *Historiadores de Indias*. pág. 245.

[7] *Ibid.*, pág. 265.

LOS ANTIGUOS MEXICANOS

Primero mencionaremos a la cabeza visible de la sociedad azteca, el emperador, generalmente llamado el *tlatoani*.

Moctezuma II o Xocoyotzin heredó una tradición que se remontaba a la génesis de la ciudad capital. Acamapichtli fue el primer gobernante, al que siguieron Huitzilihuitl, Chimalpopoca e Itzcóatl. Luego vino Moctezuma I o Ilhuicamina ("flechador del cielo"), su sucesor el gran guerrero Axáyactl, y después Tizoc y Ahuitzotl, el inmediato predecesor del emperador que recibió a los españoles.

A la trágica muerte de Moctezuma II, que algunos atribuyen a una pedrada venida de su propio pueblo y otros a las espadas españolas, lo sucedió su hermano Cuitláhuac, víctima de otro regalo foráneo: una epidemia de viruela. El último emperador fue el fiero combatiente Cuauhtémoc, cuyo nombre significa "águila que cae", y que resultó ser una fiel representación de lo que ocurrió con el glorioso imperio.

El emperador siempre fue electo; no se seguía una estricta línea de nobleza como ocurre en otras culturas. Lo que sí es cierto es que la alta dignidad era ocupada por personas cercanas o familiares del anterior soberano. En los comienzos la elección se hacía convocando a los jefes de familia, quienes aclamaban la sugerencia de algún personaje reconocido. Pero a comienzos del siglo XVI el colegio electoral se componía de militares, sacerdotes y funcionarios, pues las otras esferas sociales estaban excluidas.

Los orígenes de la dinastía mexicana se atribuyen, según la tradición, a la ciudad de Colhuacán, de donde se supone que era originario Acamapichtli, el primer emperador. Esta ciudad conservaba las tradiciones y técnicas de la legendaria cultura tolteca.

La cúspide de la prosperidad de dicho pueblo se dio en el reinado de Topiltzin, quien estableció la sede de su gobierno en Tula, ciudad llamada Quetzalcóatl, al igual que su dios. Durante esta época la ciudad parecía un verdadero paraíso; se cuenta que allí el algodón crecía en varios colores y la tierra daba frutos de enorme tamaño.

Infortunadamente Tula fue escenario de un choque entre tradiciones religiosas, una sacerdotal y otra guerrera, es decir, por un lado el culto a

Fundación de México

Unidos van Axolohua y Cuaucohuatl, buscando por el lago.
Van a salir al carrizal, donde un nopal salvaje se yergue y sobre el cual abre sus alas, explayada, un águila.
A los pies del nopal está su nido, el sitio en que reposa, todo él de plumas finas: rojas, azules, verdes, de quetzal.
Viene Cuauhcohuatl y dice: "He visto el agua azul como la tinta".
Y entonces sumergieron a Axolohua.
Retorna el compañero y va a decir a sus amigos: "¡Allá murió Axolohua! Lo han hundido donde vimos, entre las cañas, el nopal salvaje sobre el cual abre sus alas, explayada, el águila, y a cuyos pies está su nido, el sitio en que reposa, todo él de plumas finas, y el agua como una tinta azul. ¡Allí es donde sumergieron a Axolohua!"
Así contó Cuauhcohuatl. Pero al día siguiente salió Axolohua y dice a sus amigos:
"Yo fui a ver a Tláloc, él me llamó y me dijo:
Pues ha llegado acá mi hijo Hutzilopochtli, aquí será su casa, y él tendrá como precioso don que en esta tierra vivamos unidos los dos".
Entonces todos discutieron, van a examinar el sitio y vieron el nopal.

Ángel María Garibay: *Historia de la Literatura Náhuatl.*

Íbamos por nuestra calzada adelante, la cual es ancha de ocho pasos, y va tan derecha a la ciudad de Méjico, que me parece que no se torcía poco ni mucho, e puesto ques bien ancha, todo iba llena de aquellas gentes que no cabían; unos que entraban en Méjico y otros que salían, y los que nos venían a ver, que no nos podíamos rodear de tantos como vinieron, porque estaban llenas las torres e cues y en las canoas y de todas partes de la laguna, y no era cosa de maravillar, porque jamás habían visto caballos ni hombres como nosotros. Y de que vimos cosas tan admirables no sabíamos qué nos decir, o si era verdad lo que por delante parecía, que por una parte en tierra había grandes ciudades, y en la laguna otras muchas, e víamoslo todo lleno de canoas, y en la calzada muchas puentes de trecho a trecho, y por delante estaba la gran ciudad de Méjico.

Bernal Díaz del Castillo. *Historia verdadera de la conquista de la Nueva España.*

Quetzalcóatl, dios benévolo que había dado el maíz y las artes a los hombres, y por el otro, la devoción a Tezcatlipoca, dios omnipotente que exigía sacrificios humanos.

Los límites entre el mito y la historia se entrecruzan, pues el gobernante-sacerdote Quetzalcóatl tuvo que marchar hacia el exilio, lo que fue un elemento determinante de la posterior caída del imperio azteca, pues a su partida quedó la promesa del retorno del personaje mítico, que debía ocurrir en Ce Acátl (Uno-Caña), año en que Cortés llegó al territorio imperial. Esto explica, en buena parte, el hecho de que un guerrero exitoso como Moctezuma II tuviera una actitud complaciente y casi cobarde ante los recién llegados, llegando al punto de ser tomado prisionero sin que opusiera ningún tipo de resistencia.

Pero volvamos al personaje del *tlatoani*: tanto él como la clase dignataria hacían gala de gran pompa, con un vestuario adornado con grandes penachos de plumas de quetzal y guacamaya, finas mantas de algodón bordadas con bellos motivos, collares, narigueras, bezotes —adornos para la barbilla—, pulseras de oro, entre otros.

Dentro de los dignatarios o nobles que recibían el nombre genérico de *tecuhtli*, podemos resaltar al viceemperador o *cihuacóatl* —que llevaba

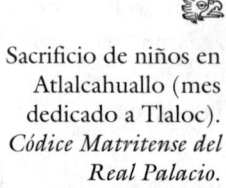

Sacrificio de niños en Atlalcahuallo (mes dedicado a Tlaloc). *Códice Matritense del Real Palacio.*

Traje y figura del *tlatoani* Moctezuma Xocoyotzin.

el mismo nombre de la diosa madre o mujer serpiente, también llamada Quilazhi— entre cuyas funciones estaba la de oficiar como "juez mayor" en el caso de apelaciones consideradas muy importantes. Además, era el delegatario en ausencia del *tlatoani*.

Por debajo de este funcionario aparecían los dignatarios militares; entre ellos el *tlacochcalcatl* y el *tlacateccatl*, por lo general familiares del gobernante. Mencionemos además al *huey calpixqui*, el "alcalde" de la ciudad; al *mexicatl achcauhtli*, jefe de funcionarios públicos, y al *petlacalcatl*, administrador de bodegas, entre otros.

Ya dijimos que cada *calpulli* tenía un *calpullec*, asesorado por un consejo de ancianos llamado *huelhuetque*, que tenía atribuciones de administración local como el aseo, la conformación de contingentes guerreros, y la distribución y usufructo de la tierra.

En la capital el comercio estaba organizado en gremios o corporaciones; el más importante era el de Tlatelolco. Los *pochteca* ("comerciantes") organizaban y dirigían caravanas que desde el valle traían mantas, orejeras, vestidos, joyas, cuchillos de obsidiana, etc. Y llevaban consigo de regreso jade verde, esmeraldas, caracoles marinos, piel de puma y jaguar, plumas de papagayo y quetzal, entre otros.

Debido a las largas expediciones, los comerciantes oficiaban como sacerdotes y jueces para sí mismos; era la única excepción en el siste-

Guarnecedores de plumas

Hilandera

Pintor

Artesanos y artífices.
Códice mendocino.

ma judicial mexica, pues los dirigentes podían, incluso en casos extremos, aplicar la sentencia de muerte.

Algo muy importante para la época que estamos tratando era el papel de los comerciantes como espías. Debido a sus viajes a tierras inhóspitas y no dominadas, hacían las veces de exploradores y al llegar a la capital, no sólo traían consigo mercancías exóticas, sino también información útil para el posible sometimiento de dichos pueblos. En muchas ocasiones, la conquista iba a la retaguardia de la caravana comercial.

Tejedora

Carpintero

Mercader

En tanto los dignatarios hacían gala de lujos y pompa extraordinaria, los *pochtecas*, a pesar de contar con suficientes medios económicos, no vestían lujosamente ni se adornaban con finos accesorios: usaban tejidos sencillos y no tenían mayor inconveniente en agradar a quien fuese necesario para conservar sus privilegios.

Una franja social, que al parecer no fue muy detallada por los cronistas, era la de los artesanos, a pesar de la enorme importancia que tenían dentro de la sociedad. Dichas personas eran llamadas *toltecas*, pues se consideraba que los habilidosos orfebres, joyeros, trabajadores de la piedra, artesanos de las plumas, etc. eran dignos sucesores de la grandeza de dicha cultura.

Cada familia de artesanos componía un taller, donde el cabeza de hogar ejecutaba su labor y enseñaba a sus hijos varones; la esposa y sus

Artesanos y artífices.
Códice mendocino.

hijas tejían, bordaban y hacían cobertores de piel de animales como el conejo. Si los *pochtecas* representaban una movilidad social clara, los artesanos en cambio eran un sector más bien estático. Aunque recibían remuneraciones considerables en ocasiones especiales, no eran pudientes. Pagaban impuestos, pero estaban exentos de labores de servicio personal —aseo, construcción— y de faenas agrícolas.

Acerca del gusto exquisito y la belleza de sus obras, podemos citar un testimonio. Estando el famoso pintor alemán Alberto Durero en Bruselas, en 1520, tuvo la oportunidad de ver el tesoro mexica enviado a España por Cortés. El artista escribió en su diario: "He visto las cosas que fueron enviadas al rey desde la nueva tierra del oro, un sol hecho todo de oro, de una braza de anchura, y una luna toda de plata, del mismo tamaño(...) muy extrañas vestiduras, lechos y toda índole de asombrosos objetos de uso humano, mucho más dignos de verse que prodigios(...). En todos los días de mi vida no había visto nada que regocijara mi corazón tanto como estos objetos, pues entre ellos he visto maravillosas obras de arte, y me pasmo ante los sutiles entendimientos de los hombres de otras partes; verdaderamente soy incapaz de expresar todo lo que pensé allí"[8].

De otro lado, compartiendo con los artesanos la condición de no gozar de preferencias nobiliarias, pero además sin obras que mostrar con orgullo ni exenciones por ello, encontramos a los *macehualli* —que algunos conquistadores interpretaron como plebeyos—, hombres del común, ciudadanos libres con derechos pero, por supuesto, con deberes ineludibles.

El término *macehualtin* era la designación general de la gente que hacía parte de esta franja de la sociedad. Pagaban impuestos y eran llamados sin excepciones al servicio militar, lo cual, lejos de ser un problema, era un gran honor. Además, brindaba la oportunidad de ascender en la escala social, como ocurría con quienes optaban por la vía del sacerdocio.

Había una clara diferencia entre el *macehualli* de la ciudad y el del campo, pues este último debía esforzarse más en su trabajo para obtener su sustento. Sus cosechas siempre se veían disminuidas, a veces por los tributos, o bien por las condiciones climáticas adversas.

---

[8] Véase: KEEN, Benjamín, *La imagen azteca*. pág. 79.

Un pequeño sector, entre los *macehualli* y los esclavos, eran los *tlalmaitl*, que podemos entender como "desplazados", debido a las guerras o a los desastres naturales. Se les suministraba una parcela y trabajaban, además, en el servicio doméstico de los nobles que los habían acogido. Estaban obligados al servicio militar.

En la escala más baja del esquema social se encontraba el esclavo ("*tlacotli*"), pero la esclavitud azteca fue bien diferente de la que trajeron los europeos y que practicaron tanto con los nativos como con los negros africanos: Si bien es cierto que el trabajo realizado en el campo o como cargador, en el servicio doméstico o como hilanderas e incluso haciéndose concubinas, era en beneficio de quien le poseía, también lo era el hecho de que el *tlacotli* podía tener bienes, acumular riqueza y hasta tener otros esclavos a su servicio. No había impedimentos para el matrimonio entre esclavos y ciudadanos; se daban casos en los que una viuda se casaba con su esclavo.

Se dejaba de ser *tlacotli* por muerte del amo o por el hecho de acumular, debido al trabajo, el valor que se pagó por él. Algo curioso: si un esclavo escapaba del mercado y lograba llegar, superando obstáculos, ante la presencia del emperador, se convertía en hombre libre. Ahora bien, se imponía la esclavitud como castigo a los ladrones; también a los conspiradores, secuestradores de niños y a los que hubieran tomado por concubina a una esclava que luego muriera en algún parto.

Cargadores al servicio de los comerciantes. *Códice mendocino.*

Pero los más numerosos eran los esclavos voluntarios, opción que decidían los perezosos, borrachos o labriegos a quienes el *calpulli* había quitado su tierra por no saberla aprovechar. El acto por el cual se optaba por la esclavitud voluntaria era una garantía ritual; se realizaba en público, ante cuatro viejos honorables y se pagaba al futuro *tlacotli* su precio: una carga de *quachtli*, es decir, veinte piezas de tela (era ese su sistema monetario). Al agotar la tela, alrededor de un año después, el aspirante se presentaba donde su nuevo amo, a prestar servicio.

Si bien la opulencia estaba representada por los imponentes adornos hechos por los artesanos, las joyas y las vestiduras, no tiene duda el hecho de que la posesión de la tierra era el mayor símbolo de riqueza. Pero no se puede afirmar que tal o cual *mexicatl* llegara a ser el propietario de tal o cual terreno. Las tierras pertenecían a las instituciones públicas, al *calpulli* o a los templos, pero el usufructo de la tierra sí era individual, lo que se heredaba no era la propiedad sino su uso.

LOS HÁBITOS

Los aztecas dormían casi desnudos; contrario a nuestra costumbre el baño diario no se efectuaba en la mañana. Los dignatarios eran mucho más cuidadosos con su aseo personal que las gentes del común, quienes vestían su manto y sin más salían a trabajar. El fruto del árbol llamado *copalxocotl* les servía como jabón.

La base de la indumentaria masculina estaba compuesta básicamente de dos prendas: el *maxtlatl* ("taparrabo") y el *tlimatli* ("manta"). Los *macehualli* hacían estas prendas con fibras de maguey y caminaban generalmente descalzos, pero, a medida que se ascendía en la escala social, dichas prendas eran elaboradas en algodón, producto muy apreciado en la capital y codiciado por los comerciantes que iban a otras tierras.

Nobles y dignatarios usaban sandalias ("*cactli*") hechas con cuero y fibras vegetales. Se dice que las de los emperadores tenían incrustaciones de oro; además, la nobleza gustaba de contrastar la relativa sencillez del vestuario con complejos adornos de gran belleza. Muchos hombres se perforaban el tabique de la nariz para insertarse joyas; resaltaban también los collares, brazaletes, tobilleras y los admirables arreglos y tocados de plumas.

La base del atuendo de la mujer mexica era el *cueitl*, una falda que consistía en una tela enrollada y que caía más abajo de la pantorrilla, fijada a la cintura por un ceñidor bordado.

En el campo muchas mujeres llevaban el busto descubierto, pero las nobles usaban un *huipilli*, especie de blusa con cuello bordado, que se dejaba suelta por encima de la falda. El atuendo diario era de color blanco, pero el usado en las ceremonias descollaba por su colorido y traía consigo variados temas decorativos, referidos no sólo a divinidades o representaciones naturales sino también a motivos abstractos.

Las mujeres usaban espejos de obsidiana o pirita, cuidadosamente tallados, para maquillarse, el cual constaba, entre otras cosas, de un ungüento llamado *axin* y un colorante mineral amarillo, *tecozauitl*, apreciado por aquellas cuyo tono natural de piel era bronceado.

Claros ejemplos del empeño femenino por lucir bien eran las *auianime*, cortesanas asociadas a los jóvenes guerreros, quienes les servían de compañía y a veces llegaban a ser sus amantes, las cuales cuidaban sobremanera su presentación. Ataviadas finamente, se maquillaban con *axin* y usaban deslumbrantes mantas. Además, era parte de la moda el mascar *tzictli* —especie de chicle que se obtenía por la coagulación de la savia del árbol *chicozapote*—, para limpiar y mantener fresca la boca.

En cuanto a los hábitos alimenticios, se puede decir que no existía la costumbre del desayuno tal como la conocemos hoy, pues la primera comida se hacía a media mañana, cuando ya llevaban un buen tiempo en sus respectivos oficios, pues se levantaban antes del amanecer. Esta comida consistía generalmente en una taza de *atole* (potaje de maíz cocinado).

La comida fuerte, que para nosotros es el almuerzo, se consumía al mediodía, y consistía básicamente en tortillas de maíz, frijoles, salsa de chile y tomate, y en ocasiones tamales y carne de aves. Esto, claro está, en los hogares comunes, pues el emperador y los dignatarios podían escoger a diario entre una gran variedad de manjares que iban desde pécaris, perdices, liebres, y patos, hasta perrillos. Aunque no cabe duda de que el maíz era el alimento de mayor importancia para este pueblo, característica que compartían con los mayas.

La noche capitalina, a pesar de que no había alumbrado público, no era apagada ni quieta, y brindaba la oportunidad para que algún dignatario o comerciante deseoso de sobresalir en sociedad ofreciera grandes banquetes, dando la ocasión también para la música, la danza y para uno que otro amor furtivo entre un guerrero y una cortesana. Además los sacerdotes realizaban continuamente ofrendas a los dioses y arrojaban a los estudiantes en las frías aguas del lago para que se dieran un baño. En fin, la noche, tan amada como temida, era ocasión para múltiples eventos.

La bebida alcohólica más sobresaliente era el *octli*, también llamado *pulque*, que se obtenía por fermentación del jugo de maguey. Se tomaba en las fiestas, aunque su uso estaba limitado a las personas de edad, pues en los adultos y jóvenes la embriaguez constituía una grave infracción. Se cuenta que al *macehualli* encontrado en estado de embriaguez se le daban garrotazos, llegando en ocasiones a matarlo, pero si era un noble el castigo se le infligía en privado.

El mito que nos narra el origen del *pulque* cuenta que, viendo los dioses la necesidad de dar a los hombres algo que los animara al baile y al canto, el glorioso dios Quetzalcóatl pensó en una bebida. Recordó a Mayahuel, linda muchacha, diosa del maguey, que habitaba en el cielo con su abuela, que pertenecía a la clase de los *tizitzimime*, seres celestiales maléficos. El dios fue hacia la joven y la convenció de fugarse con él a la Tierra. Ambos se unieron como ramas de un hermoso árbol. Cuando la abuela advirtió la desaparición de su nieta, avisó a sus parientes maléficos, quienes descubrieron el árbol y se precipitaron hacia él. La abuela reconoció la rama Mayahuel y la quebró con violencia; así despedazó a la beldad y la dio a sus parientes para que la devorasen. Posteriormente, y con gran dolor, Quetzalcóatl recogió y enterró los huesos de Mayahuel. De ellos nació la primera planta de maguey, fuente del delicioso *pulque*, que reconforta a los ancianos y las ancianas[9].

Menos problemático era el uso del tabaco; después de las comidas se repartía una pipa que era compartida por los comensales. También se usaba un psicoactivo muy particular, y de manera no muy distinta a como se utilizaba el tabaco, que era el *peyote*.

---

[9] Véase una descripción del mito en "Los orígenes del pulque", *Arqueología mexicana*, No. 20, pág. 71.

"En todas las ciudades había junto a los templos, unas casas grandes donde residían maestros que enseñaban a bailar y cantar".

Fray Diego Durán

Es importante ver que si bien el sistema represivo era inflexible con la embriaguez, no lo era tanto con la gran afición de los mexicas por el juego y las apuestas.

En primer lugar tenemos al *tlachtli*, tradicional juego de pelota tanto maya como azteca. Se llevaba a cabo en un campo en forma de doble T, y consistía en pasar la pelota por uno de los anillos adheridos a la pared, cuestión difícil pues el balón no podía golpearse con los pies ni con las manos; sólo se podían usar las rodillas y la cadera. Los participantes se protegían de manera similar a como lo hacen hoy los jugadores de *hockey* o de béisbol, utilizando rodilleras, protectores para las caderas y guantes de cuero muy resistentes.

Como el ritmo de los encuentros era muy fuerte, causaba graves lesiones a los participantes. El *tlachtli* era practicado por la clase dirigente y tenía un trasfondo mítico particular, pues la cancha se asemejaba al mundo y la pelota a un astro que podía ser el Sol o la Luna. El cielo podría ser como el *tlachtli* cosmológico en el cual los dioses juegan con los astros.

Representación del dios del pulque.
Códice magliabecchiano.

Juego de *Patolli*, comentado en esta página. *Códice magliabecchiano*.

Otro juego, de carácter más popular, era el *patolli*. Los participantes se sentaban sobre esteras alrededor de un tablero en forma de cruz y dividido en casillas. Como dados se utilizaban frijoles marcados con puntos; después de cada tiro, las piedrecillas de colores de cada jugador se movían tantas casillas como indicaban los dados, de manera similar a como se hace en el juego del parqués. El tablero del *patolli* tenía 52 casillas, el mismo número de años del siglo azteca.

LOS RITUALES

Por su importancia cabe mencionar a tres de ellos: el bautismo, el matrimonio y la confesión.

En cuanto al primero, es conveniente anotar que la partera que traía al bebé al mundo era la encargada de oficiar ritualmente como sacerdotisa; la ceremonia se efectuaba durante el lapso comprendido entre los cuatro días siguientes al nacimiento, dependiendo de cuándo hubiera ocurrido éste, pues los aztecas pensaban que ciertos días eran propicios y otros, en cambio, tenían un carácter negativo. Así, por ejemplo, el niño nacido el día Uno-Venado debía llegar a ser un buen guerrero, pero si además su origen era noble estaba llamado a ocupar un cargo principal.

Primero se efectuaba el lavatorio: con una jarra llena de agua la partera mojaba sus manos y colocaba unas gotas en la boca del bebé; luego tocaba su pecho (recordando el poder generador y purificador del agua) invocando a Quetzalcóatl y a la diosa Chalchiuhtlicue (diosa del agua), la dadora de vida.

Si el nuevo ser era un niño se lo presentaba al Sol para que fuese un valeroso guerrero. Si era niña se la llevaba a la cuna llamada *yoalticitl* (curandera nocturna) que era el mismo nombre de la diosa de los médicos; posteriormente se imponía el nombre al pequeño o a la pequeña.

Nombres de niño eran, por ejemplo, Citlalcóatl —serpiente de estrellas—, Quauhtlatoa —águila que habla—, Itzcóatl —serpiente de obsidiana— o Tlacatéotl —hombre divino—. Algunos nombres para las niñas eran, Matlatxóchitl —flor verde— o Atótotl —pájaro acuático—, entre otros muchos.

Desde que los recién nacidos llegaban al mundo, la partera, mediante sus palabras, tenía en cuenta el advertirle acerca de las desdichas y la inseguridad de esta tierra: "Habéis venido a este mundo donde vuestros parientes viven en trabajos y fatigas, donde hay calor destemplado y fríos y aires(...) no sabemos si viviréis mucho en este mundo(...) no sabemos la ventura o fortuna que te ha cabido"[10].

Y es que la grandiosa capacidad oratoria del pueblo azteca salía a relucir en ocasiones como esta. De todas partes venían familiares a presentar su saludo, e incluso las autoridades locales lo hacían engalanando con bellas palabras el acontecimiento. Se comparaba al bebé con un collar, con una pluma exótica o con una piedra preciosa como el jade.

---

[10] SAHAGÚN, citado por: SOUSTELLE, Jacques. *La vida cotidiana de los aztecas en vísperas de la conquista.* pág. 167.

Lo que algunos misioneros católicos vieron como una diciente similitud con el bautismo cristiano, lo es, hablando más generalmente, con la concepción mítica del agua, la dadora —y muchas veces también destructora— de vida, concepción presente a lo largo del planeta.

La simbología ritual azteca tiene otro gran escenario: el matrimonio. Un hombre se casaba a los veinte años, una mujer a los dieciséis, más o menos. El novio, al abandonar su institución educativa, ofrecía un gran banquete a maestros y compañeros, al tiempo que iba llamando a las viejas *cihuatlanque*, que servían de intermediarias casamenteras con la familia de la novia, la cual, a su vez, por tradición debía rehusar el ofrecimiento en un principio, para luego aceptar y fijar, de común acuerdo, una fecha propicia para el casamiento.

En vísperas de la ceremonia la novia recibía regalos, sobre todo de las mujeres casadas; pasaban frente a ella los ancianos de la familia del novio presentándole ricos discursos, después de los cuales ella agradecía con otra disquisición similar.

Al caer la noche del día señalado, se formaba el bello cortejo que llevaba a la prometida a su nuevo hogar; ella era acompañada por sus padres, las matronas, las jovencitas de la parentela y sus amigas. Las personas que conformaban dicha comitiva llevaban en sus manos antorchas encendidas. Al llegar a su destino, el novio la recibía con un incensario prendido en la mano, como señal de profundo respeto; ella respondía con el mismo gesto.

La unión matrimonial se hacía efectiva cuando, sentados uno frente al otro, luego de recibir regalos, las *cihuatlanque* anudaban las mantas de cada uno, momento de gran emoción para todos. Los esposos pasaban a la cámara nupcial, pero el matrimonio no se consumaba hasta pasados cuatro días, lapso que dedicaban a la oración. Entre tanto, los parientes e invitados disfrutaban del banquete, y los viejos se dedicaban al placer de las historias y el *pulque*.

Para el cuarto día se preparaba un lecho especial de esteras donde se colocaban plumas y un trozo de jade, quizá por su relación metafórica con los hijos. En el quinto día los recién casados se bañaban en el *temazcalli*, el baño de vapor azteca que aún se usa en zonas rurales de México.

Tan sólo una esposa podía ser la principal, pero existían otras secundarias con las cuales los hombres también podían tener hijos. Al parecer

Ceremonia de matrimonio.

las tribus del valle que habían sido toltecas practicaban la poligamia y las tribus nómadas del norte la monogamia; luego el azteca era algo así como un punto intermedio.

Por lo general los hombres buscaban esposa en un *calpulli* diferente al suyo, aunque algunos gremios, como el de los comerciantes, pretendían formar parentela entre ellos para establecer vínculos aún más estrechos. Para un azteca sería inconcebible la costumbre inca del matrimonio entre parientes cercanos, pues esa noción sofisticada de la conservación del linaje no tenía tanta relevancia como para los antiguos peruanos; cualquier persona a la que nuestra cultura occidental hubiera llamado "hijo natural", podía sobresalir si sus méritos lo permitían, así como ocurrió con el emperador Itzcóatl, hijo de un monarca y una humilde concubina.

El adulterio, como la embriaguez, eran castigados sin piedad y sin distinciones, generalmente con la muerte. Del estricto sistema judicial mexica no escapaban ni las más altas dignidades del Estado.

Por último —cuando por la edad avanzada se sentía cada vez más cerca la presencia de la muerte—, había que prepararse mediante un acto de confesión particular, pues esa experiencia solamente ocurría una vez en la vida; así, la confesión debía hacerse siendo lo más viejo posible.

Dicho ritual se efectuaba con el sacerdote llamado *tlapouhqui* y lo regía la diosa tutelar Tlazoltéotl, la Venus azteca, diosa de la lujuria, perdonaba las faltas. En sí, la cuestión era algo similar a la confesión católica, pues con total sinceridad se contaban detalladamente los sucesos acaecidos durante la vida. Las penitencias consistían en ayunos y algunos castigos físicos menores, como punzarse la lengua.

Y ya que estamos tratando de la preparación para la muerte, mencionemos cuál era el camino a seguir después de tal evento. Se pueden sintetizar tres opciones:

—Los "compañeros del águila" —guerreros muertos en el campo de batalla, comerciantes en expediciones y algunas víctimas de sacrificio— y las "mujeres valientes" —fallecidas en el parto— iban a parar a la morada del Sol, el más honroso destino.

Escultura que representa a Coatlicue, diosa de la fertilidad, la muerte y la tierra. *(Museo Nacional de Antropología, México).*

—Los favoritos de Tláloc —dios de la lluvia— que habían muerto ahogados o en un sacrificio a este dios, pasaban *post mortem* una vida tranquila y sin penas en los tibios jardines ubicados al oriente del mundo.

—La mayor parte de los muertos iba a reunirse bajo tierra, en el oscuro mundo de Mictlán, lo que los conquistadores llamaron "infierno". Allí resultaban todos los que no tuvieron un deceso privilegiado.

LA GUERRA, LOS DIOSES Y EL COMBUSTIBLE CÓSMICO

Los aztecas eran esencialmente guerreros. La guerra era uno de los modos de expandir aún más el imperio y conseguir el sometimiento de pueblos que se convertirían en tributarios. La milicia era además el único camino mediante el cual los jóvenes mexicas podían alcanzar nobleza y fortuna. Para los guerreros neófitos la captura de su primer prisionero era todo un acontecimiento, pues significaba iniciar el ascenso que podía, tal vez, llevarlos a alcanzar un gran honor como el de convertirse en *tlacochcalcatl*, gran jefe de los ejércitos.

Ahora bien, la manera en que los aztecas llevaban a cabo sus confrontaciones bélicas era radicalmente distinta a lo que hoy en día entendemos por guerra. No se podían emprender actos de guerra sin una justificación verdadera; no pagar el tributo, asaltar o agredir a los *pochteca* o comerciantes, eran razones suficientes para iniciar una acción militar. Pero la sorpresa no era una táctica: cuando surgía el conflicto, se enviaban embajadores desde Tenochtitlán que advertían acerca de la situación y otorgaban un plazo de veinte días para que los jefes locales corrigieran su posición.

Si pasado este tiempo no había acuerdo, se enviaba a los embajadores de la ciudad asociada de Texcoco, haciendo advertencias más fuertes y dando un nuevo plazo. Cumplido éste se enviaba a los representantes de la tercera ciudad aliada, Tlacopán, los cuales hacían una severa disertación acerca de las desventajas de enfrentar al imperio. Si todo esto no surtía ningún efecto, la gran maquinaria guerrera comenzaba a trabajar.

Antes de las hostilidades se enviaban unos agentes secretos llamados *quimichtin* ("ratones"), los cuales se mezclaban con la población enemiga, vistiéndose como ellos, hablando su misma lengua y advirtiendo sus puntos débiles. Estas arriesgadas misiones también eran desempeñadas por los comerciantes, los cuales, debido a sus correrías, ya conocían el terreno. Su servicio era de gran utilidad para el imperio y se les recompensaba por ello.

Las armas con las que contaban los guerreros aztecas estaban conformadas principalmente por el *chimalli*, escudo redondo hecho de madera o cañas y cubierto con plumas y adornos formando mosaicos; el *macquahuitl*, macana de madera con cuchillos de obsidiana incrustados. También se utilizaban con frecuencia armas como el *tlalutolli* ("arco") y el *atlatl* ("lanzadardos").

Aunque el atuendo de cada guerrero dependía de su grado, éste se basaba en una armadura de algodón llamada *ichcauipilli*, capaz de detener flechas. Los cascos se fabricaban con madera y se adornaban con plumas y penachos de acuerdo con el valor demostrado en las batallas. Si se pertenecía a las órdenes superiores de "águilas" o "tigres", se utilizaba un ropaje enterizo que semejaba a cada uno de los animales que otorgaba al que lo llevara la fuerza guerrera según un orden mitológico.

No se buscaba aniquilar al contrario; el objetivo era capturarlo y llevarlo a la capital. Se consideraban victoriosos cuando lograban penetrar e incendiar el templo tutelar de las huestes enemigas, momento en el cual se daba inicio a las negociaciones de la rendición. En términos generales, la ciudad vencida conservaba su autonomía administrativa pero se veía obligada a pagar gran cantidad de mercancías a manera de impuesto; para muchas de las ciudades sometidas significaba su adhesión a la confederación azteca.

Pero la confrontación bélica no era solamente expansión y nuevos tributarios. El origen del espíritu guerrero de los aztecas va mucho más allá, dado que tenía una dimensión cosmológica que vamos a ver a continuación.

Los mitos nos cuentan que cuando el Sol por fin alumbró debido al sacrificio de los otros dioses, necesitaba que se le diera de comer y beber; para ello entregó a las "serpientes de las nubes" —representaciones estelares— los instrumentos necesarios, pero estas representaciones se dedicaron al placer y a la bebida, descuidando su oficio, lo que enfureció al Sol.

Como consecuencia, éste llamó a los que nacieron después y les dijo que debían destruir a los cuatrocientos *mixcohua* ("serpientes de las nubes") por no haber cumplido sus obligaciones. Ese fue el origen de la guerra[11].

Este "dar de comer y beber al Sol" nos lleva a otro de los aspectos de importancia capital dentro de esta cultura amerindia. Los aztecas extendían el mundo dentro de un marco de inestabilidad y levedad de la existencia. Los mitos cuentan que antes de estar el Sol actual, habían pasado ya otros cuatro (entendidos como "edades"), los cuales sucumbieron ante terribles cataclismos, y el actual no puede escapar a dicha situación.

En el origen de todo lo existente se encuentra un ser primordial, que es una dualidad llamada Ometeotl. De allí surgen los dioses principales:

---

[11] Una versión más extensa del mito se puede encontrar en: KRICKEBERG, Walter. *Mitos y leyendas de los aztecas, incas, mayas y muiscas*. pág. 32 y ss.

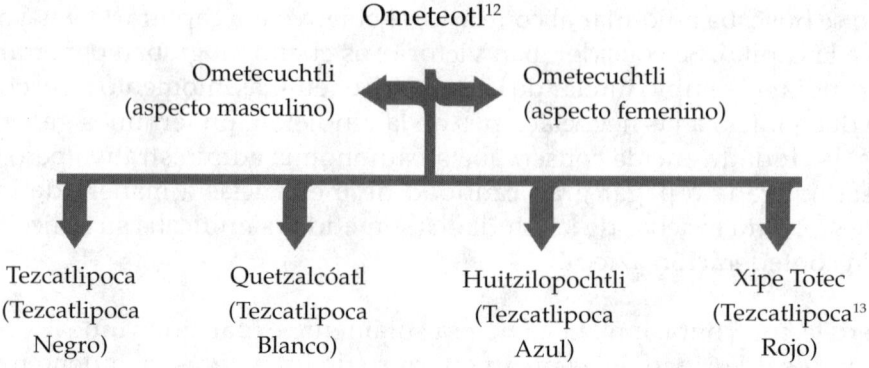

Después de creados los hombres mediante la labor bienhechora de Quetzalcóatl —quien bajó al inframundo en busca de los huesos que darían origen a la raza humana—[14], los dioses pensaban cómo lograr que hubiera luz en el mundo. Para tal efecto dos de ellos, Tecuciztécatl —dios de la concha marina— y Nanahuatzin —el buboso, el llagado—, después de hacer penitencia durante cuatro días, se arrojaron, no sin antes titubear, a la gran hoguera que se hizo en Teotihuacán. Luego de que dichos dioses hicieron esto, "un águila entró en el fuego y también se quemó: por eso tienen las plumas hoscas y negruzcas; a la postre entró un tigre y no se quemó, sino que se chamuscó y por eso quedó manchado de negro y blanco. De este lugar se tomó la costumbre de llamar 'águila-tigre' a los hombres diestros en la guerra"[15].

Así los dioses, debido a su autocremación, se convirtieron en el Sol y la Luna, pero como los astros no se movían, el ciclo cósmico no podía iniciarse. Con el fin de lograr tal efecto, los dioses tuvieron que morir para echar a andar el mundo. Ayudado por el viento, el Sol marchó pero sólo

---

[12] Ometeotl recibe un nombre, pero es una dualidad; similar situación se presenta en la mitología maya. En la concepción católica también encontramos que dios es uno, pero tres a la vez.

[13] En la religión azteca de principios del siglo XVI, los dioses principales eran recogidos bajo la denominación del dios Tezcatlipoca.

[14] Véase KRICKEBERG, *op. cit.*, pág. 25 y sigs.

[15] *Ibid.*, pág. 29.

La valentía de los mexica

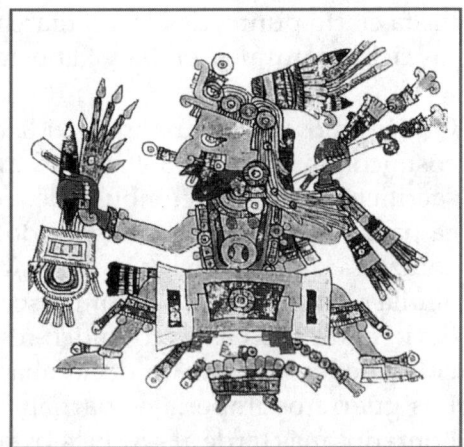

Ometeotl, dios andrógino, en su representación de dueño de la vida. *Códice Borgia*.

Xipe Totec (Tezcatlipoca Rojo), dios o diosa de los cambios estacionales y la penitencia. *Museo Nacional de Antropología*.

Tezcatlipoca representado como guerrero. *Columna del Templo de los guerreros Chichén Itzá*.

hasta cierto punto, desde allí marchó la Luna, y ese fue el comienzo de los ciclos naturales, el día y la noche.

Que los dioses ofrendaran su vida es un hecho significativo del drama cósmico. Para que el Sol siga su marcha es necesaria la sangre de los sacrificios: este es el combustible requerido por la totalidad cosmológica para seguir su curso. El sacerdote encargado eleva en sus manos el corazón de la víctima y lo deposita en el *quauhxicalli* ("recipiente del águila o el sol"); es el acto imprescindible para que se conserve el equilibrio natural. El aspecto mítico-religioso de la confrontación se ponía en evidencia cuando se declaraba la Xochiyaoyotl ("guerra florida"). Los guerreros imperiales partían en busca de prisioneros que serían honrados más tarde al ser puestos sobre la piedra del sacrificio, práctica que repetía el originario acto de sacrificio mediante el cual los dioses iniciaron el ritmo cosmológico. Por tanto, los pueblos enemigos no eran exterminados en campañas arrasadoras; los cautivos eran indispensables, sobre todo si eran grandes combatientes.

Es interesante anotar que en el segundo mes azteca: tlacaxipehualiztli, se realizaban las ceremonias en honor a Xipe Totec, deidad importada y patrono de los joyeros. Los sacrificados en su honor eran desollados, pues el dios mismo estaba revestido con la piel de un desollado; luego los sacerdotes se cubrían con sus pieles. Vale la pena recordar que los prisioneros en la mayoría de los casos estaban ataviados y adornados con elementos ligados a la divinidad a la cual se le rendía honor; de este modo era el dios mismo quien perecía, simulando los tiempos mitológicos.

El arribo de cada noche, traía consigo la incertidumbre del regreso de la luz del día; cada siglo que terminaba constituía una angustiosa ansiedad por el comienzo del siguiente. En palabras del investigador J. Soustelle: "qué tarea tan pesada y sangrienta constituía para los sacerdotes, para los guerreros, para los emperadores rechazar, un siglo después de otro y un día tras otro, el asalto perpetuo de la nada"[16].

La religión mexica reunía los dos grandes elementos constitutivos de su propia cultura: de un lado la adoración de dioses guerreros como Huitzilopochtli, que precisaban de sacrificios sangrientos; del otro la adhe-

---

[16] SOUSTELLE. op. cit., pág. 108.

Acaso de verdad se vive en la tierra?
No para siempre en la tierra; sólo un poco aquí.
Aunque sea jade se quiebra,
aunque sea oro se rompe,
aunque sea plumaje de quetzal se desgarra,
no para siempre en la tierra: sólo un poco aquí.

      Nezahualcóyotl. Rey de Texcoco.

Jóvenes conducidas al *telpochcalli*.

sión al dios civilizador Quetzalcóatl, culto que tuvo su esplendor en la ciudad de Tula y que formaba parte de la cultura tolteca.

Dichos elementos se encontraban presentes en la educación azteca, pues la formación más bien militar y práctica era impartida a los jóvenes en el *telpochcalli*, entidad educativa que tenía por rector al dios Tezcatlipoca. En cambio, la instrucción propiamente intelectual se daba en el *calmecac*, a donde acudían sobre todo los jóvenes nobles, sin ser esta característica un obstáculo para que allí se instruyeran los muchachos del pueblo con capacidades y méritos; su dios tutelar era Quetzalcóatl, el cual solicitaba sacrificio espiritual y vida estudiosa y devota.

LA GRANDEZA AZTECA

La historia de los aztecas y su cosmovisión muestra claramente la rudeza de las condiciones naturales y el sentimiento trágico que acompañaba a la inseguridad de los ciclos cósmicos, los cuales requerían de la sangre de los sacrificios para evitar la catástrofe, siempre posible, de la extinción del mundo.

Teniendo en cuenta lo anterior, los aztecas desarrollaron un sistema de pensamiento que contrarrestaba la soberbia —lo que los griegos llamaban *hybris*— y exaltaba el dominio de sí mismo y el cultivo de las artes y las letras, como respuesta ante la perplejidad de la existencia.

El náhuatl, idioma lleno de recursos, permitía el despliegue fundamental del pensamiento mediante la palabra; ofrecía no sólo la posibilidad de acuñar una ética propia sino también la de presentar al ser humano como portador de una existencia desgraciada que, afortunadamente, echa mano del ritual y comprende que el cosmos es mucho más que una sumatoria inocua de hombres y representaciones divinas, un pensamiento que comprende las distintas visiones que la vida ofrece en su riqueza.

Lo que se podría denominar la "lírica" náhuatl se compone de las creaciones conocidas como xopancuícatl y xochicuícatl, "cantos de tiempo de verdor" y "cantos de flores" respectivamente. Podían tener tono alegre o triste y los temas recurrentes eran la muerte, las flores, la amistad, el amor. Se aprecia así no sólo la riqueza idiomática de los antiguos mexicanos, sino también la capacidad poética de individuos que recreaban el mundo mediante su expresión artística:

> *¡Que haya ahora amigos aquí!*
> *es tiempo de conocer nuestros rostros.*
> *Tan sólo con flores*
> *se elevará nuestro canto.*[17]

Dentro de este contexto, se comprende la importancia que el mundo azteca daba a los poetas, cuya función también era la de cantores, los *cuicani*, que estaban conscientes de su elevada labor. Muestra de ello es:

> *Yo, el poeta, señor del canto,*
> *yo, el cantor, hago resonar mi tambor.*
> *¡Ojalá mi canto despierte las almas de mis compañeros*
> *muertos!*[18]

De otro lado, las reflexiones existenciales de los aztecas se plasmaban, por ejemplo, en los temas recurrentes de la muerte y las flores:

> *¿Se llevan las flores a la región de la muerte?*
> *¿Estamos allá muertos o vivimos aún?*
> *¿Dónde está el lugar de la luz pues se oculta el que da la vida?*[19]

---

[17] Tomado de: LEÓN-Portilla Miguel., *Literaturas Indígenas de México,* colecciones Mapfre, Madrid, 1992, pg. 250.

[18] Véase: SOUSTELLE. *op. cit.*, pág. 235.

[19] Véase: KEEN. *op. cit.*, pág. 49.

Dentro de la poesía lírica azteca, encontramos señales de un pueblo grandioso, tanto en sus obras materiales como espirituales.

> *¡Ah, si se viviera siempre, si nunca se muriera!*
> *Vivimos con el alma desgarrada,*
> *hay sobre nosotros un estallar de rayos,*
> *se nos acecha y espía.*
> *Vivimos con el alma desgarrada. ¡Súfrase!*
> *¡Ah, si se viviera siempre, si nunca se muriera!*[20]

Organización social, arquitectura, arte, poesía, pensamiento abstracto, signos de una gran cultura que ha dejado mucho de sí para la posteridad.

---

[20] Véase: SOUSTELLE. *op. cit.*, pág. 239.

MUISCAS

El intercambio de las mercancías y las ideas

Prefacio

El territorio de lo que hoy conocemos como Colombia presenta una gran diversidad de climas, vegetación, fauna, recursos minerales y paisajes, así como una extensa gama de elementos sociales y humanos, tantos como las regiones naturales que esa geografía contiene.

Como muestra de lo anterior tenemos la compleja cosmovisión de los hombres y mujeres que conformaban, y aún conforman, los grupos amerindios que desde tiempos inmemoriales se asentaron en dicho territorio.

La cultura muisca, denominada erróneamente chibcha (este último vocablo designa la familia lingüística a la cual pertenecían varios pueblos, entre ellos el muisca), se desarrolló en la parte central de la región Andina, en altiplanicies originadas por sedimentaciones lacustres, que se hallan alrededor de los 2.600 metros sobre el nivel del mar.

Al arribar a estas tierras los españoles identificaron a las gentes que encontraron mediante la palabra que ellos mismos usaban para referirse a los hombres: Muexas.

Su organización social, política y religiosa los ubica en un estadio intermedio en cuanto a su grado de desarrollo; sus instituciones eran muestra de un orden jerarquizado que correspondía a un nivel estructural avanzado, sin llegar a la magnitud de un imperio, como en el caso de los aztecas, mayas o incas.

A la llegada de los europeos, la autoridad principal estaba concentrada en dos gobernantes, lo que hacía que el territorio se dividiera a su vez en dos grandes componentes. Se trataba del Zipa o Señor de Bacatá y el Zaque o Señor de Hunza. La máxima autoridad religiosa se centraba en el gran sacerdote Sugamuxi, quien se encontraba en Suamox.

La agricultura era fundamental para la economía, sobresalían productos como la papa, el maíz, las hortalizas, entre otros; del mismo modo la caza, la pesca y la minería eran pilares de las actividades de estas comunidades. Además, gozaban de una tecnología orfebre, lítica y alfarera.

De su mitología, poseemos apenas las incompletas piezas que nos dejaron los cronistas al entrar en contacto con ellos: Chiminigagua era el dios creador; a Bachué le correspondió la labor de poblar el mundo; Bochica mediante sus acciones se constituyó en la fuerza civilizadora; Chibchacum, dios de los mercaderes, derramó su ira contra la humanidad y provocó la terrible inundación que originaría, mediante la intervención de Bochica, el Salto de Tequendama.

El comercio era una actividad fundamental, no sólo por su aspecto económico o de simple sobrevivencia, sino que constituía algo esencial en la vida y costumbres de los antiguos muiscas, característica que apreciaremos en la protagonista de nuestra historia, una mujer trabajadora y conocedora del valor del intercambio que une los pueblos.

Al levantarse, mucho antes del amanecer, cuando el trinar de los pájaros presagiaba una nueva jornada Saxipaguaya agradecía al gran dios Chiminigagua por haber llenado de luz el mundo, esa luz que dentro de pocos minutos se empezaría a percibir en el oriente. El día de hoy sería pesado, Saxipaguaya lo sabía bien y repasaba las cosas pendientes en su cabeza, al tiempo que sus manos hacían un nudo en su hermosa cabellera negra que tanto gustaba a su esposo, el laborioso Inecha, que ya despierto, se encontraba sentado pensando, como acostumbraba hacer en la mañana antes de las labores.

Apenas sí tienen tiempo para lavarse con la ayuda del fruto de la planta del jaboncillo y arreglarse un poco; la mujer entrega a su marido una pequeña torta hecha de maíz. En ese momento se levantan sus hijos, y preguntan:

—¿Es hora de reemplazar a los vecinos en los hornos?

—Sí hijo, tu padre y yo saldremos primero, aséense un poco, coman una torta de maíz y nos veremos al amanecer.

La hija mayor se llamaba Furachía, nombre significativo, pues *fura* quiere decir mujer y *chía*, luna. Hace algunos años, cuando su madre se encontraba encinta, los esposos acudieron al santuario de la Luna ubicado en la población de Chía. Allí, de manera accidental nació la niña, de ahí su nombre.

Furachía estaba próxima a convertirse en mujer, pronto llegaría su primer período menstrual y la comunidad haría el ritual de pubertad, que consistía en dejarla seis días en un rincón apartado del hogar para luego llevarla en andas a una casa especial, donde se bañaría y se le llamaría *deipape*, es decir, mujer mayor, casadera.

El hijo menor de la familia, Sarache, era habilidoso y buen deportista. Deseaba, cuando fuera mayor, participar en las competencias atléticas auspiciadas por el gran zaque de Bacatá y así convertirse en un *güecha* "guerrero" valiente que resguardara la integridad del territorio de su pueblo.

LA SAL DE LA VIDA

Saxipaguaya y su esposo Inecha salen de casa hacia los hornos comunales donde obtienen la sal. La minería era sólo una de sus ocupaciones, las cuales realizaban de acuerdo con el lugar donde se vivía. En Zipaquirá la mayoría se dedicaba a la minería, al igual que en las poblaciones vecinas de Nemocón y Tausa; en Hunza –Tunja– y Tundama –Duitama– los muiscas eran expertos tejedores; en Guatavita se desempeñaban en la orfebrería, y en otras poblaciones como Ráquira, Tocancipá y Soacha sobresalía la alfarería y la cerámica.

Los esposos se vestían de manera sencilla, con atuendos de algodón tejidos por Saxipaguaya; completamente blancos. El del esposo semejaba una túnica anudada sobre su hombro derecho, y además, por ser de mañana, se ponía una manta cuadrada sobre la espalda para protegerse del frío. La esposa llevaba puesta una falda larga atada a la cintura, y sobre sus hombros una manta más bien pequeña llamada *liquira* que se sujetaba con un alfiler o topo de oro, obtenido de un comerciante venido de Pasca, en el límite sur del territorio muisca. La *liquira* dejaba parte de su pecho descubierto, por lo que la mujer sentía algo del gélido frío de la mañana, característico de la después llamada sabana de Bogotá.

A los pocos minutos llegaron a los hornos comunales de su *sybyn*; es decir, su comunidad; varios *sybynes*, junto con las comunidades más pobres llamadas *utas*, estaban bajo la jurisdicción del cacique del poblado al que pertenecían, en este caso, Zipaquirá. Los hornos eran sencillos, descubiertos y alimentados con leña. En esta madrugada, cinco mujeres habían estado al tanto de la temperatura del fuego:

Se acercaba el mediodía y Saxipaguaya estaba terminando una preciosa manta que le había demandado varios días de trabajo.

—Neaspaguaya, ¿han provisto los hornos con leña suficiente?

—Sí, Saxipaguaya, pero como las provisiones empiezan a escasear, es preciso que algunos de nuestros hijos vayan por más.

—No creo. Recuerda que nos anunciaron que hoy temprano vendrían las gentes de Nemesa a cambiar leña por panes de sal.

—No es necesario hacer ese trueque, pues nuestros niños y jóvenes podrían abastecernos.

—Es cierto Neaspaguaya, pero el trueque es una manera de ayudarnos mutuamente; además, es una costumbre muy valiosa para nosotros.

Saxipaguaya era una mujer muy apreciada en su comunidad, a pesar de no ser vieja sus comentarios eran inteligentes y se tenían en cuenta; además, era típica representante de la belleza muisca por su cabello largo y negro, al igual que sus grandes ojos y pómulos salientes.

Entre tanto, los hombres tomaron grandes vasijas redondas y se dirigieron hacia las fuentes de aguasal. En el día de hoy se debía traer poca, pues ya se había procesado suficiente para los días siguientes; Neaspaguaya va a descansar y a ocuparse del hogar, mientras que su amiga y otras mujeres siguen vigilando los hornos comunales.

Al tiempo que los hombres regresan con sus grandes vasijas llenas, las gentes de Nemesa llegan al lugar; se han retrasado, pero traen una buena cantidad de leña. Su líder se disculpa:

—La tardanza se debió a que uno de los viejos de la comunidad se enfermó, y lo acompañamos donde el jeque "sacerdote".

—Aceptamos sus disculpas. Llegaron justo a tiempo con la leña para los hornos, ¿quieren hacer trueque? —preguntó el líder comunal[1] de los zipaquiráes.

---

[1] Los líderes comunales de los territorios administrativos menores, *sybyn*, fueron aquellos a los que los españoles llamaron "capitanes". Eran, claro, de menor rango que los caciques, y gobernaban en todo un poblado y sus alrededores.

—Sí, la cantidad acostumbrada de sal por nuestras cargas de madera.

Mientras cargaban los panes de sal, el líder de Nemesa pensaba en voz alta:

«La sal es vital, no sólo por el sabor que da a las comidas sino también porque con ella conservamos la carne. Si no fuera por la sal no podríamos conservar el pescado ni la carne de tapir o borugo, como tampoco los alimentos que nos están permitidos».

Las últimas palabras tenían un sentido muy significativo: en el territorio muisca los venados corrían libremente en grandes manadas, pero la gente común no debía cazarlos ni comerlos, aunque en ocasiones especiales podían presentarlos como obsequio a los caciques, pues ellos eran los únicos que podían disfrutar de su carne.

Las palabras del líder de Nemesa eran escuchadas por Saxipaguaya al tiempo que depositaba el aguasal en tres ollas grandes llamadas *gachas*, en las cuales ya estaba casi completa la cantidad de sal necesaria para formar un pan. La trabajadora mujer pensaba en la vital importancia de la sal: recordó que varias guerras de los muiscas en sus territorios límites fueron, precisamente, para impedir que los belicosos panches ingresaran y se apoderaran de las fuentes de sal.

A eso del mediodía, la mujer y su familia deciden hacer un corto receso para almorzar: esta sería la única comida fuerte en el día. Los chicos habían tenido una plácida mañana, pues la llegada de las gentes de Nemesa les había evitado el trabajo de recolectar y llevar la leña, entonces se habían dedicado a jugar con sus mascotas, dos pequeños y graciosos curíes que siempre los acompañaban.

Afortunadamente, una de las cuñadas de Saxipaguaya preparaba los alimentos cuando la familia estaba de turno con el procesamiento de la sal. Este día comerían un delicioso cocido cuyo olor atraía a los chicos como el imán al metal, compuesto de papas o turmas, nabos, cubios, auyama, arracacha y yuca. Además, como sorpresa, había unos panecillos de quinua[2], alimento muy nutritivo. Para finalizar había un delicioso envuelto de maíz bien caliente.

---

[2] Cereal similar al ajonjolí que en la época prehispánica se cultivaba desde el centro y sur de Colombia hasta el norte de Argentina.

—En esta ocasión no hubo carne de armadillo ni de borugo. Espero que para mañana las consigamos, o en su defecto un buen pescado —dijo Saxipaguaya.

En la tarde los panes de sal estaban listos; ahora venía la labor de romper las *gachas* donde fueron cocidos, pues era imposible desprenderlos sin romper los recipientes. Los hombres ejecutaban esa labor con fuertes hachas de piedra que también usaban en las labores del campo.

Así era el procesamiento de la sal, que le daba el sustento a la familia de Inecha. A su esposa le gustaba ver las fuentes de aguasal y pensaba que la vida misma era como esa fuente: así como los zipaquiráes extraían la preciosa sal mediante la cocción, de manera similar era preciso sacar de la vida lo provechoso, aquello que no sólo permitiera una vida digna, sino que además acrecentara el espíritu, esto es, la vida laboriosa, el amor por la familia, la dedicación a los dioses, el cumplimiento de los preceptos morales y la enseñanza de los hijos; ella sentía que su ejemplo y devoción eran como la sal que se procesaba con esmero y que después condimentaría la vida de los chicos cuando fueran mayores.

LA VÍSPERA DE MERCADO

Al día siguiente la comunidad repartió los panes de sal entre las distintas familias, actividad que se hacía bajo la dirección del líder, un hombre más bien alto y de recia voz que en su juventud había servido como *güecha*, defendiendo las tierras del sur de los embates de los panches, pueblo feroz que cortaba las cabezas de sus enemigos para usarlas como trofeo bélico.

Nimbu —el líder— era todo un personaje para el pequeño Sarache, y constantemente lo asediaba con preguntas:

—Respetado Nimbu, ¿en verdad sentías más valor en la batalla cuando te acompañaban los antepasados?

—Claro que sí, mi cuerpo se sentía más ágil y mi ánimo guerrero crecía hasta el cielo. Por esto era importante llevar con nosotros las momias de los que, en su tiempo, fueron grandes y habilidosos *güechas*.

—En realidad, ¿son tan fieros los panches como se dice?

—Eso y aún más pequeño; utilizan peligrosos dardos envenenados, además de arcos y flechas que los guerreros muiscas no usamos.

—¿Qué arma utilizabas con más frecuencia?

—Yo era un experto con la lanza, aunque también era bueno con la macana, la tiradera y la honda.

—¿Y no usabas escudo?

—Los *güechas* que defendíamos los dominios del zipa de Bacatá no usábamos escudos. Quienes los utilizan son los guerreros tundamas, que deben su lealtad al gran Zaque de Hunza.

—¿Acaso ellos no obedecen al gran cacique de Tundama?

—Sí, pero recuerda que el señor de Tundama y el gran sacerdote —gobernante de Suamox —Sogamoso—, llamado Sugamuxi, deben respeto al zaque de Hunza; es igual a lo que ocurre con nosotros, que somos tributarios del cacique de Zipaquirá, pero él debe total sumisión al gran zipa de Bacatá.

—Pero Nimbu, todos los pueblos muiscas dependen bien del zipa o bien del zaque...

—No amiguito. Al noroccidente de nuestro territorio se encuentran varios pueblos independientes, que no están sujetos a ninguno de los dos; algunos son los pueblos olleros de Ráquira y Tinjacá, los agradables Moniquirá y Suta —Sutamarchán—, además de Guachetá, Sáchica, Sorocotá y Saquencipá; incluso hay otros territorios autónomos en los límites con los dominios de los guanes y los muzos.

La conversación fue interrumpida por Inecha, que exhortaba a su hijo para que lo acompañara a pescar, pues no había nada de carne en el *bohío*[3]. Con algo de suerte atraparían unos buenos ejemplares de *guamuica* —capitán negro—.

---

[3] Tanto la palabra "bohío" para designar la vivienda, como "cacique" para nombrar al gobernante local, son palabras caribes traídas al interior por los españoles. El nombre chibcha para la vivienda era *thytua*.

Cuando padre e hijo se marcharon a pescar, madre e hija se quedaron en el *bohío* realizando labores domésticas. Por lo general, las casas de los muiscas correspondían a su estrato social; la de esta familia de personas corrientes y laboriosas que vivían con lo indispensable sin pasar mayores necesidades, estaba hecha con maderas y adobe, de forma circular y techo en paja.

La vivienda estaba situada en las afueras del cercado del cacique de Zipaquirá. Dichos cercados eran característicos de los pueblos y las comunidades que hoy en día se podrían catalogar como rurales.

La puerta de la vivienda era de cañas, y como cerradura usaban fuertes fibras de fique anudadas. Al entrar se apreciaba la cocina en el ala izquierda, con un fogón sobre el suelo, varias *múcuras* grandes donde se almacenaban alimentos, una de ellas siempre con *chicha*, la importante bebida fermentada de maíz tan apetecida en esa época como hoy en día. Se podían ver cuerdas de fique colgando verticalmente del techo, y otras a manera de tendederos en donde se colgaba la carne que se salaba para conservarla. También había unos grandes jarros con agua, usada para cocinar y para el aseo diario.

Separado de la cocina por una división de madera se hallaba el almacén, donde se podría encontrar una gran variedad de recipientes producto de la alfarería muisca, cántaros, *múcuras* y grandes ollas que guardaban reservas de maíz, papa, ají y frijoles; allí sobresalía un vaso de tamaño mediano con cuello de botella coronado con un rostro humano, era un recipiente muy especial pues Saxipaguaya guardaba allí varias esmeraldas de gran belleza que eran objetos sagrados, importantes ofrendas que se consagraban a las representaciones divinas.

Había otros vasos de uso diario y con forma de cáliz. Los pintados no se usaban con frecuencia sino que se reservaban para los rituales y las ocasiones especiales. Al lado se encontraban algunos *catalenicas*, es decir, panes de sal más pequeños que los procesados para el intercambio y el tributo, que Saxipaguaya utilizaba para el consumo del hogar. Una prima suya le había enseñado dicha costumbre, muy común en el también poblado salinero de Tausa; para darles forma usaban vasijas que calentaban en el espacio que quedaba libre entre las grandes *gachas*.

Además, en el almacén se encontraban mantas, recipientes de colorantes vegetales, utensilios como agujas o topos, y una lanza acompañada

Una gran variedad de recipientes producto de la alfarería muisca, cántaros, múcuras y grandes ollas que guardaban reservas de maíz, papa, ají y frijoles.

Bochica.

de una macana similar a las usadas por los *güechas*.

Otra división separaba el dormitorio, lugar para descansar, que constaba de una cama o *barbacoa* —como la llamaron los españoles— hecha con cañas y puesta contra la pared, para los esposos, y dos más pequeñas para cada hijo. Se abrigaban con mantas y utilizaban otras similares como colchón.

Era una casa sencilla y sin lujos, porque no tenían los asientos sin patas usados en las casas de los caciques; se sentaban sobre mantas en el suelo, donde Furachía y Sarache jugaban con sus curíes.

Así era el hogar en donde Saxipaguaya enseñaba a su hija el hilado y el tejido, las sabias artes que el dios civilizador Nemterequetebá (llamado Bochica por otros y Chimizapagua[4] por los bogotáes) había traído a las gentes del pueblo.

Saxipaguaya recordaba a su hija la aparición por el suroriente de este ser barbado, que tantas cosas buenas y útiles enseñó a su pueblo.

—Madre, ¿es cierto que el sorprendente Bochica dejó pintados los telares que usamos en algunas piedras de nuestro territorio?

—Sí hija, lo hizo por si olvidábamos aquello en lo que nos había instruido.

---

[4] *Chimizapagua*: mensajero de Chiminigagua, dios creador del mundo.

—Cuéntame de nuevo la gran historia sobre el origen del fabuloso salto de agua.

—Los antiguos ofendían al dios Chibchacum con sus palabras. Debes recordar que él es el protector de los mercaderes. Pues bien, enojado a causa de los insultos que recibía, el poderoso dios decidió castigar a los humanos inundando sus tierras, y para ello se sirvió de los ríos Sopó y Tibitó. Fue tan terrible dicho castigo que los hombres empezaron a implorar al grandioso Bochica, quien no se hizo el sordo ante las súplicas de su pueblo: una tarde se formó un arco de colores y allí estaba el protector de los muiscas, con una vara de oro en las manos, que arrojó con dirección a la región del Tequendama, abriendo la roca  por donde ahora pasa el agua que forma el sobrecogedor salto.

—Realmente Bochica fue muy bueno con nosotros, pero, ¿qué le pasó a Chibchacum?

—Fue condenado a cargar el mundo sobre sus espaldas. Antiguamente, como recordarás, éste se sostenía sobre cuatro árboles de guayacán de gran firmeza.

—¡Ah! Claro, por eso cuando Chibchacum se cansa de cargar el mundo en uno de sus costados y lo pasa al otro, nosotros sentimos que la tierra se mueve causando pánico, y le rogamos entonces que el movimiento cese pronto.

—Sabes mucho acerca de nuestros dioses.

Los torteros o volantes se utilizaban para hilar el algodón.

Se acercaba el mediodía y Saxipaguaya estaba terminando una preciosa manta que le había demandado varios días de trabajo. La estaba decorando con un pincel y tintes previamente elaborados: rojo del fruto del achiote y negro del de la jagua. Al mismo tiempo Furachía tomaba el algodón y mediante el huso y el tortero obtenía el hilo.

Cuando padre e hijo volvieron de la pesca con tres *guamuicas*, ya se anticipaba el manjar que se serviría con papa, yuca y otros acompañamientos.

La tarde pasó sin sobresaltos, y en la noche, Inecha contó a sus hijos numerosas historias y relatos de su tradición muisca. Aunque no poseía la capacidad narrativa de su esposa ni manejaba bien las sutilezas de la lengua chibcha, les habló acerca del dios Nencatacoa, protector de los pintores y tejedores de mantas, y que ocasionalmente se aparecía en forma de zorro, propiciando las fiestas y las borracheras alegres.

EL DÍA DE MERCADO

El intercambio de productos era una actividad básica del pueblo muisca que se realizaba con gusto. El mercado se efectuaba cada cuatro o cinco días y, por lo general, en todos los poblados, aunque algunos resaltaban por la gran afluencia de personas, como los de Hunza, Suamox y Tundama.

En la mañana del día de mercado el desayuno consistió en un envuelto de maíz. Minutos después del amanecer toda la familia de Inecha se dirigió al cercado —poblado— de Zipaquirá. Cada jefe de familia cargaba en sus espaldas los panes de sal, que en promedio pesaban dos arrobas. Inecha llevaba además algunas mantas tejidas por Saxipaguaya, incluyendo esa tan bonita que había terminado el día anterior y cuyo destino desconocía, ya que podría destinarse por igual como tributo o como objeto de intercambio.

Varias familias caminaban juntas hacia el pueblo, y al llegar al cercado se ubicaban en sitios más o menos establecidos por la costumbre. Saxipaguaya sorprendió a los demás, pues llevaba una manta especial y cuatro *chingas*, que eran las mantas blancas y sencillas que usaban las personas del pueblo; las adornadas eran privilegio de los dignatarios. Así lo establecía el código de Nemequene, que había dictaminado imperativos morales que eran rigurosamente cumplidos.

Una vez instalados, Saxipaguaya recordó a su consorte:

—Ten en cuenta que necesitamos *hayo* —coca—, cerámicas y algodón; son nuestras prioridades.

—Ya lo sé, pero me gustaría tener una o dos aves de plumería, de las que traen los comerciantes de los llanos del oriente.

—Ya veremos. Además debemos actuar sabiamente con la manta buena que hice.

—Bien, pero ahora prepárate, pues viene el cacique y debemos rendir tributo.

El cacique de Zipaquirá —como todos los gobernantes— era cargado en andas en una litera. Ninguna de las personas que allí se encontraban lo miraba directamente a la cara, e incluso los líderes comunales debían actuar así. Con el gobernante venían tres de sus esposas, sus servidores y una figura muy importante, el pregonero, llamado *tiuquin*, que era la voz del cacique, pues anunciaba sus disposiciones. El más estimado de ellos era el *tiuquin* del zipa de Bacatá, dignidad a la que pocos podían aspirar.

En esta ocasión el tributo de la familia consistió en un pan de sal y dos *chingas*. Afortunadamente para Saxipaguaya la insistencia sobre su manta buena no fue mucha, porque no quería darla como impuesto.

La mañana avanzaba, los niños inquietos correteaban por el mercado junto a sus amigos, jugaban con figuritas de barro a manera de muñecas y molestaban hasta la saciedad a sus pobres curíes. Una voz ronca los saludó:

—Furachía, Sarache, ¿cómo están?

—Tío, qué alegría verte. Ven y saluda a nuestros padres.

El tío vivía en la población de Cajicá; traía varios productos agrícolas como frijol y maíz desgranado, que obsequiaría a sus familiares.

—¿Tus hijos y mi cuñada se encuentran bien?

—Sí, envían sus saludos.

—¿Cómo están las armas del zipa?

—Cada día hay más.

Cajicá era el poblado donde se encontraban los depósitos de armas que usaban los *güechas* para defender el territorio.

El tío sentía mucho aprecio por su sobrino, pues sería el heredero de sus tierras y de su casa cuando muriera. La sucesión entre los muiscas, tanto para los bienes como para las dignidades, era matrilineal, es decir, heredaba el sobrino, hijo de la hermana.

Lo anterior se palpaba también en la dirigencia, pues el sucesor del zipa de Bacatá sería su sobrino, que desde temprana edad era cacique de Chía; igual ocurriría con el zaque de Hunza, que al morir dejaría su dignidad al cacique de Ramiriquí, su sobrino.

Saxipaguaya entregó a su hermano medio pan de sal para el sustento mensual. Justo cuando lo partían escucharon un alborozado saludo:

—¿Cómo están los amigos zipaquiráes?

El intercambio de productos era una actividad básica del pueblo muisca.

Al voltearse reconocieron a Pascuaquica, un comerciante tundama que venía de cuando en cuando y que era muy estimado por su alegría.

—¿Qué has traído para nosotros? —preguntó Inecha.

—Aunque no es muy usado entre ustedes, sé que apreciarán las hojas de tabaco que he traído de las tierras de Hunza. Además, la provisión de hoja de coca que siempre reservo para ustedes viene del territorio que limita con el de las tribus laches, al oriente de Soatá y Tutasá. Pero he traído una sorpresa, una pequeña jarra de miel de abejas que adquirí de unos conocidos de los grupos tunebo o u'wa, que viven cerca de la sierra nevada del Cocuy.

—¡Vaya sorpresa! —exclamó contenta Saxipaguaya.

En seguida vino el regateo por las mercancías: Pascuaquica quería un pan de sal y una *chinga* que necesitaba, aunque al ver la manta buena quiso llevarla.

—Ustedes los zipaquiráes saben muchísimo más de sal que de tejido, pero tú eres una experta, Saxipaguaya.

—Nuestra oferta final es un pan de sal y dos tejuelos de oro.

Para los muiscas, las mantas y los tejuelos redondos, hechos de oro y sin ninguna marca, eran artículos intercambiables por cualquier producto, equivalentes universales con los que se adquiría lo que se necesitara.

—Está muy bien, pero consideren que por esa manta les daré el doble de todo lo que inicialmente ofrecí. Regresaré luego y me cuentan.

Lo tentador de la oferta se encontraba en la miel de abejas que tanto apreciaba Saxipaguaya, pero debían ser cautos. En ese momento su hermano se despedía, pues debía ir hasta Nemocón. Al mismo tiempo se aproximó un anciano al que simplemente llamaban "el viejo", que tenía apariencia amable. Cultivaba ají y lo intercambiaba en el mercado; vivía solitaria y austeramente. Furachía lo abordó en seguida:

—Viejo, tú que sabes todas las historias sagradas, cuéntanos ¿cómo se pobló el mundo?

La disposición desta gente es la mejor que se ha visto en Indias, especialmente las mujeres tienen buena hechura de rostros y bien figurados... Sus vestidos, dellos y dellas, son mantas blancas y negras y de diversas colores, ceñidas al cuerpo, que las cubren dende los pechos hasta los pies, y otras encima de los hombros en lugar de capas y mantas, y ansí andan cubiertos todos. En las cabezas traen comúnmente unas guirnaldas hechas de algodón, con unas rosas de diferentes colores de lo mesmo, que les viene a dar en derecho de la frente. Algunos caciques principales traen algunas veces bonetes hechos allá de su algodón, que no tiene otra cosa de que vestirse; y algunas mujeres de las principales traen unas cofias de red, algunas veces.

Gonzalo Jiménez de Quesada.

... en medio de los que había en una plaza juntos para este examen hacía traer una doncella de buen parecer con solo el vestido que le dio la naturaleza y con el mismo salían dos de los pretensores y se ponían junto a ella y si alguno tenía natural movimiento sensual era excluído de la pretensión del cacicazgo y elegido el otro y si ambos caían en lo mismo, eran ambos excluídos, hasta que viniendo otros era elegido el que se mostrara enfrenado en aquella ocación, juzgando el Bogotá ser capaz de aquel señorío quien era enfrenado en tales ocasiones.

Fray Pedro Simón.

Danzaban y bailaban al compás de sus caracoles y fotutos; cantaban juntamente algunos versos o canciones que hacen en su idioma y tienen cierta medida y consonancia a manera de villancicicos y endechas de los españoles. En este género de versos refieren los sucesos presentes y pasados y en ellos vituperan o engrandecen el honor o deshonor de las personas a quienes los componen.

Fernández Piedrahíta.

...la misma proporción guardan cuando arrastran madera o piedra, juntando a un tiempo la voz, los pies y las manos al compás de la voz de uno que les sirve de guía, a la manera que saloman los marineros de los navíos.

Fernández Piedrahíta.

...el cual pueblo era muy hermoso de pocas casas y muy grandes, de paja muy bien labrada; las cuales casas estaban muy bien cercadas de una cerca de haces de cañas, por muy gentil arte obradas. Tenía 10 ó 12 puertas con muchas vueltas de muralla en cada puerta. Era cercado el pueblo de dos cercas. Tenía entre cerca y cerca muy gran plaza, y entre las casas tenía otra muy hermosa plaza. Una casa de ellas estaba llena de tasajos de venados, curados sin sal.

Anónimo.

El anciano sabía bien que ya había contado ese relato mítico a los niños, pero decidió volver a hacerlo rápidamente pues tenía que seguir llevando ají a los mercaderes. Tomó asiento y recordó:

—En la bella laguna que llamamos Iguaque, tierra fría y con neblina constante, ocurrió que de las aguas salió una mujer muy bella, que algunos llaman Bachué y otros Furachogua. Pues bien, ella y un niño de tres años que llevaba de la mano, fueron hasta donde hoy está el pueblo de Iguaque y construyeron una casa para vivir. Cuando el niño se hizo hombre, se casó con ella. La bella Bachué fue tan fértil como la tierra, pues en cada parto nacieron cuatro o cinco niños, de modo que esos hijos poblaron estas tierras, que no habitaba antes nadie. Cuando los esposos estaban ya muy viejos llamaron a su prole, que era toda la gente que había, la llevaron a la laguna de donde habían salido, se despidieron, y entraron a ella en forma de serpientes. Bachué es la diosa protectora de los cultivadores de legumbres.

—Gracias por recordarnos el relato, viejo. En verdad las lagunas son importantes —afirmó Furachía.

—Claro que sí, recuerden la laguna de Guatavita, en donde el gran cacique, en el momento de tomar posesión de su cargo, se baña desnudo, con su cuerpo cubierto totalmente de oro, mientras todos los muiscas oramos de espaldas a la bella laguna[5].

Una vez dicho esto, el viejo siguió comerciando ají de un lado para otro en el mercado, con su paso taimado pero seguro. Ya casi era mediodía y Saxipaguaya pensaba en el algodón que no llegaba. Entonces, hizo su aparición el comerciante que todos conocían como "el amigo".

—¿Cómo se encuentra la tierra de los muzos? —preguntó Inecha.

—Muy bien, en mi último viaje logré llegar hasta el gran río[6] para distribuir la sal que había intercambiado con ustedes.

---

[5] Este mito se conoce como "El Dorado" y fue el que más aguzó la interminable codicia de los españoles.

[6] Los españoles lo llamarían Río Grande de la Magdalena.

—¿No fue peligroso?

—No, no hubo problema. He traído varias cargas de algodón de esas tierras. Veo que has tejido una hermosa manta.

—Sí, me costó varios días de trabajo —contestó Saxipaguaya.

—Realmente me gusta mucho, no sólo el tejido sino también el decorado —exclamó el "amigo" en tono pensativo—. Aunque el precio normal por una manta buena es una carga de algodón, yo te daré una y media, e incluso hasta podría agregar tres o cuatro tejuelos de oro. Es mi única oferta, ¿qué les parece?

—No lo sé "amigo", debo consultarlo con mi esposo.

—Muy bien, ¿necesitas esmeraldas?

—No por ahora, gracias.

—Daré un vistazo por ahí y volveré más tarde por tu respuesta.

Saxipaguaya necesitaba el algodón, pues aunque el trabajo con la sal no dejaba mucho tiempo para tejer, se sentía muy a gusto haciéndolo y enseñando a su hija.

Luego de un rato durante el cual la familia estuvo almorzando algunas tortas de maíz y turmas o papas, conocieron a un mercader que venía de las tierras cercanas al poblado de Tora —Barrancabermeja— y que traía consigo conchas marinas de las costas del norte.

Posteriormente Furachía trataría de hacer un instrumento musical con una concha grande. Su padre con las pequeñas elaboraría un bello aunque sencillo collar para su esposa. Las que le sobraran serían trituradas para obtener la cal que acompaña a las hojas de coca en el momento de masticarlas.

Estaban hablando con el comerciante guane cuando advirtieron que el *jeque* o sacerdote llegaba al mercado. Las reverencias no se hicieron esperar. Su apariencia era muy especial: sobresalían su manto, donde se destacaban figuras geométricas en color rojo y amarillo y sus adornos de oro, un pectoral muy grande con figuras de hombres repujadas, una nariguera y brazaletes resplandecientes, también del áureo metal.

Estaban hablando con el comerciante guane cuando advirtieron que el jeque o sacerdote llegaba al mercado.

Su intervención fue corta, pues sólo quería recordar a los zipaquiráes que dentro de una luna se iniciaría la gran peregrinación al Templo Sagrado del Sol en Suamox. Era conveniente irse preparando para la ocasión, tanto física como espiritualmente, y además debían reunir suficientes ofrendas que agradaran al poderoso Xue, dador de luz.

La peregrinación a dicho templo se realizaba cada doce lunas, una vez cada *chocan* ("año") en honor al Sol. Allí, después de los actos religiosos se organizaban fiestas en las que, sin importar las diferencias que a veces se presentaban, los muiscas dependientes del zipa y del zaque, además de otros venidos de poblaciones independientes, se reunían acompañados de la siempre apreciada chicha.

El jeque no era solamente un líder espiritual; también ejercía como curandero. Para aliviar los males de la gente se valía de la enorme variedad de plantas que se encontraban en el medio natural muisca: tabaco, borrachero, quina, etc.

Ya era media tarde, hora en que comenzaban a prepararse para volver a casa, cuando Neaspaguaya, muy animada, llegó a donde su amiga trayendo dos piedras negras en las manos.

—Mira Saxipaguaya, las han traído.

—¿Estas son las piedras que arden, las que los muiscas de Suamox sacan de ciertas minas?

—Exactamente, arden mejor que la leña y aunque trajeron pocas las utilizaremos en los hornos de la comunidad.

El carbón mineral era muy raro en estos territorios, y sólo se le conocía como referencia lejana, de allí el entusiasmo de Neaspaguaya.

Aún estaban conversando acerca de las piedras negras cuando llegó otro comerciante conocido por la familia.

—Miren, es Quiguarana.

—Hola mis queridos amigos —saludó el recién llegado.

—¿Qué traes allí? —preguntó inquieto Sarache.

—Míralo, es un guacamayo de plumas resplandecientes. Mis ayudantes que vienen cerca cargan otros que hemos traído de los llanos que quedan al oriente, pasando las montañas que acompañan a los poblados de Somondoco y Guateque, en territorio de los tecuas.

—¡Quisiera tenerlo! —exclamó Inecha.

—Veo que tu esposa ha tejido una manta buena. Podríamos trocar un guacamayo por ella.

En ese momento llegaron el "amigo" del norte y Pascuaquica el tundama. Todos se saludaron y la situación ya no daba espera: la preciosa manta de Saxipaguaya debía cambiar de dueño.

Inecha dijo que la decisión era de su mujer. Durante varios segundos la incertidumbre estuvo plasmada en el rostro de Saxipaguaya, que luego de dudar un poco, preguntó:

—"Amigo", ¿te sostienes en que me darás carga y media de algodón más cuatro tejuelos de oro por mi manta buena?

—Claro que sí.

—Pascuaquica, ¿crees que el jarrón de miel que trajiste cuesta cuatro tejuelos de oro?

—Considero que vale más, pero si es para Saxipaguaya podría hacer una excepción.

—Quiguarana, ¿dentro de cuánto tiempo regresarían a Zipaquirá trayendo de nuevo los preciosos guacamayos que encuentras en los llanos del oriente?

—Dentro de una luna, pues debo partir con los zipaquiráes a la peregrinación al Grandioso Templo del Sol en Suamox.

—Pues bien, esto es lo que haré: te cambiaré la manta a ti, "amigo", y tú me darás la carga y media de algodón y los cuatro tejuelos de oro, los que a su vez cambiaré por el jarrón de miel que ha traído Pascuaquica. Con el algodón que adquiero me comprometo a tener tres mantas iguales o mejores que ésta para dentro de un mes, cuando vuelva Quiguarana, con el compromiso de su parte de traer dos hermosas guacamayas, pero que sepan hablar.

Todos estuvieron de acuerdo y empezaron a contar anécdotas. Alguien tuvo la buena idea de traer una jarra de chicha para amenizar la charla. Pero, a pesar de la animación, Saxipaguaya estaba preocupada, pues era preciso adquirir ollas y otros productos necesarios, tanto para el procesamiento de la sal como para la vida doméstica. Había dejado pasar la oportunidad de hacer trueque con algunos comerciantes venidos de Ráquira, porque ella esperaba a sus amigos de Cogua, ya que estos últimos proveían este tipo de productos a buena parte de los zipaquiráes.

Cuando conversaba con su amiga Neaspaguaya, vio que los alfareros de Cogua arribaban a pesar de la hora. Éstos se aproximaron, saludaron y ofrecieron sentidas disculpas.

—Nos demoramos porque temprano en la mañana pasó por nuestro pueblo un hombre de mal aspecto y mirada tenebrosa, gritando sandeces y profiriendo maldiciones. Esto asustó mucho a algunos y hubo que acudir al jeque para que convenciera a cada uno de los pobladores de que sus temores no tenían fundamento y de que el hombre no era ciertamente un hechicero sino tan sólo un embustero.

Los zipaquiráes aceptaron las disculpas y procedieron a cambiar los panes de sal por las ollas, múcuras, jarrones y gachas de la gente de Cogua, quienes además traían vasos ceremoniales finamente pintados. El líder de dicha comunidad llamó a los hijos de Saxipaguaya.

—He traído esto especialmente para ustedes —dijo sacando de su mochila dos preciosas ocarinas con forma de aves y finamente decoradas.

Los chicos agradecieron y demostraron su alegría saltando y riendo. Pero no eran los únicos alegres. Inecha tomó la palabra.

—Teniendo en cuenta que todavía hay luz, propongo que aprovechemos la presencia de nuestros amigos para jugar *zepcuagoscua*.

Se refería al popular deporte muisca del turmequé, que sería posteriormente llamado simplemente "tejo". Es probable que haya recibido dicho nombre porque los pobladores de Turmequé, ubicado en los límites de los territorios del zipa y el zaque, eran los que más lo practicaban.

—Pero Inecha, nadie trajo sus tejos de piedra.

—Eso no es problema —interrumpió el líder de Cogua—. Tenemos unos tejos muy buenos de barro cocido, suficientes para todos.

—Entonces, ¡a jugar! —exclamó Pascuaquica.

Procedieron entonces a poner los maderos para sostener la tela con dos orificios por donde deben pasar los tejos para hacer una anotación. Hoy en día los tejos son de metal y en lugar de los orificios se ponen papeletas de pólvora, y se juega en canchas de greda.

En medio del alborozo llegó un forastero recién llegado, que tenía muchas ganas de unirse al juego.

—Pero, ¿quién eres tú y de dónde vienes? —interrogó Nimbu, el líder comunal.

—Soy un orfebre venido del poblado de Guatavita. Hoy mismo me he puesto al servicio del cacique de Zipaquirá para el que voy a realizar numerosos objetos de oro, tanto rituales como ornamentales. Me gustaría mucho gozar de su amistad, ya que me han acogido tan amablemente.

—No hay problema, siempre y cuando nos demuestres que los guatavitas, además de orfebres, son buenos jugadores de turmequé.

De manera extraña y muy particular, Furachía y Sarache empezaron a tocar sus ocarinas como si fueran músicos. El ambiente era de gozo e integración, y por supuesto, con la compañía inapreciable de la chicha.

La algarabía del juego, la alegría de la gente y el sonido de las ocarinas, tan andino como el vuelo de los cóndores o el verdor de las montañas, servían de fondo a las meditaciones de Saxipaguaya, que reflexionaba sobre la importancia del mercado. Más que una transacción o una mera costumbre, el comercio era parte del modo y razón de ser de los hombres y mujeres muiscas, un rasgo de identidad que va más allá de una técnica para sobrevivir

Pero a la par recordaba que gracias al contacto con los mercaderes también había aprendido nuevas recetas, conoció las piedras negras que

... el sonido de las ocarinas, tan andino como el vuelo de los cóndores o el verdor de las montañas.

reemplazan la leña, se conmovió con los mitos y las historias de guanes y muzos, supo cómo vivían y qué enseñaban a sus hijos otras mujeres de pueblos distintos; en fin, la satisfacción que produce el intercambio de mercancías es como la que se obtiene por el intercambio de las ideas: se amplía el horizonte hasta alcanzar otros pueblos, otras costumbres y otros seres humanos. Una mujer inteligente y orgullosa de su raza lo sabía muy bien.

Prefacio

La belleza natural y la compleja biodiversidad de la selva amazónica, llamada con justicia el "pulmón del mundo", se acompañan a su vez de una rica gama de elementos culturales que no se pueden ignorar al apreciar esta prometedora región de manera integral.

Los hombres y mujeres pertenecientes a la etnia uitoto habitan en Colombia la región comprendida entre los ríos Caquetá y Putumayo; hacia el occidente se encuentran hasta el río Caguán y hacia el oriente hasta la frontera con Brasil; en la margen peruana del río Putumayo también viven integrantes de este pueblo.

Se nombran los uitotos ya en documentos del siglo XVIII. Su designación proviene de un vocablo caribe que significa esclavo; así era tratada esta etnia por los aguerridos grupos caribes.

El idioma uitoto se divide en cuatro dialectos: búe, mïka, nïpode, y mïnïka. Sus hablantes se calculan en la actualidad en 5.000, hallándose en grupos más bien dispersos. Su sistema económico se basa en la caza, la pesca, y la agricultura de roza y quema, es decir, la parcela se quema y luego se cultiva de manera alternada con otras. Obtienen diversos productos de la tierra, pero a nivel social y simbólico sobresalen tres: yuca, tabaco y coca.

La yuca es el alimento principal, de allí se saca el casabe, especie de torta o arepa, base de la dieta.

Con el tabaco se prepara el ambil, producto semilíquido imprescindible en aquellos momentos de reunión cuando se debaten los asuntos rutinarios; es un elemento de cohesión en la comunidad, además de su importancia mitológica.

La coca es la propiciadora de la palabra. Su hoja, luego de ser tostada, pilada y cernida, es mambeada en un ritual nocturno donde se escucha la tradición, la palabra fuerte o rafue que el sabedor va entramando en su oratoria como sucede con las fibras al hacer un canasto; todo esto bajo la protección de la maloca o casa comunal, representación del cosmos.

Una de las maneras de aproximarse al pensamiento y el simbolismo de un pueblo como este radica en el conocimiento de sus obras gráficas, el arte rupestre y sus manifestaciones. Es allí, en la piedra, mediante pinturas o por surcos hechos en su superficie, donde las figuras recrean orígenes, historias, personajes, dioses, etc. La historia del Hombre que vuelve por el camino de su tradición luego de muchos años de ausencia —narración que viene a continuación—, pertenece a representaciones rupestres que se encuentran en el curso medio del río Caquetá, en el Amazonas colombiano.

Desde la última loma, antes de llegar a la maloca, el Hombre[1] cargado con una gran tula verde vio de nuevo la curva del río. Había emprendido a pie el tramo final, luego de bajar del avión, un viejo carguero DC-4, uno de esos sobrevivientes con más de medio siglo de uso y cuya puerta se amarraba con alambres. Bien sabía que la precariedad de las compañías aéreas que sobrevolaban las selvas orientales estimulaba la inventiva, prolongando la vida de estos aparatos hasta que, invariablemente, su retiro forzoso sólo ocurría cuando se estrellaban.

Estaba de vuelta en la región luego de largos años de ausencia. Sólo que esta parte no la había recorrido nunca. La madre había cambiado de residencia, pero no fue difícil que en el caserío lo orientaran sobre su paradero.

—Después de que llegues al río siguiendo la trocha grande, son como seis curvas hacia abajo; —eso le habían dicho.

---

[1] *El Hombre:* a partir de aquí, este personaje, centro del relato, siempre se mencionará así, porque carece de nombre. Más adelante, recibirá uno en un rito especial, durante el Baile.

Poco a poco, mientras avanzaba siguiendo el derrotero, se le iba despertando la memoria. Algo recordó de la historia de Iúrico, el caminante, uno de los tantos héroes que habitan las vastas florestas mitológicas del pueblo uitoto. Ese cuento era el que su padre solía narrar con mayor frecuencia, tal vez porque su propia errancia encontraba en él un modelo. Era de los pocos que aún recordaba. Él también era andariego.

Ese personaje legendario trataba de regresar a su maloca, donde lo esperaban sus padres y esposa. Había saltado al otro lado del río para escapar de Kitaima, un gigantesco Dueño-de-animales, quien se disgustó con él por ser tan buen cazador. Una vez en la otra orilla ya no pudo brincar hacia la propia, así que estuvo peregrinando por espacio de varios lustros en la ribera norte, buscando el punto en donde las orillas se juntaran. Al vislumbrar desde lejos el quiebre de la corriente, se decía:

—¡Ajá! Allá se acaba el río. Podré al fin remontarlo por el otro lado.

Pero todo era en vano. Siempre se engañaba. Llegaba al recodo y descubría que las orillas nunca se tocaban sino que, por el contrario, se iban apartando más y más a medida que el río se tornaba más ancho. Sólo que en su angustia continuaba persiguiendo lo imposible. Hasta que al fin, un día resolvió solicitar la ayuda de los animales que navegan: los lobos de agua, el caimán, las babillas y muchas variedades de patos, en especial los patoagujos; todos a la postre lo trampearon dejándolo abandonado, o semiahogado en medio del inmenso río. Luego de tantos intentos fallidos, fue la tortuga la que, a cambio de un buen pago, lo pasó al otro lado. Y fueron otra vez muchos los años que empleó Iúrico caminando y caminando hasta llegar a su morada.

¡Sí que recordaba esa historia! Y es que él también había pasado tantos trabajos para volver, luego de aquella lejana época cuando un oficial del ejército, amigo de su madre viuda, le pidió que se lo dejara llevar para criarlo en el seno de su familia en el Tolima. Y eso fue lo que aconteció. Al fin y al cabo todo ocurrió por ser tan desobediente. ¡Con cuánta ilusión su pobre vieja lo matriculó en el Internado Indígena! Pero él, que era tan rebelde, no aguantó. Eso de mantener a los niños como si fuera un cuartel; eso de prohibirles hablar su lengua, dizque para civilizarlos más rápido; eso de no dejarlos comer las sabrosuras a las que toda la vida habían estado acostumbrados y sí, en cambio, obligarlos a consumir tanta cosa de blancos, muchas veces hasta gorgojeada y engusanada. Pero lo más duro era esa estudiadera. Tanto tiempo sentados en cuartos repletos de gente, y tan poco para jugar y andar por ahí pescando, flechando bichos, trepándose a los árboles y ayudándole a los grandes en tantas cosas divertidas, como cuando su padre le permitía acompañarlo en cacerías por el monte bravo, o toda la comunidad se iba de pesca a barbasquear.

¡Sí! Fue en una de esas oportunidades, cuando una tardecita, al regresar bien cargados, él con un mico churuco y su padre con un venado chonta, casi pisan una culebra; entonces el hombre se había quedado pensativo y le comentó que eso bien podía ser el augurio de su propia muerte. Y así fue. A los pocos días su padre enfermó y murió y de esa tragedia salió la otra: venir a parar tan pronto en el Internado.

¡No! Él no pudo resistir. Con su amigo Chucula planearon bien la fuga. Ante todo, fue necesario conseguir y esconder algunos alimentos. Primero, habían podido robar algo de la bien vigilada despensa, pero la hermana encargada cayó en cuenta del hurto de las dos panelas y de unas barras de chocolate, ese con el que le preparaban las onces al cura, y por lo tanto tomó sus precauciones. Desde ese momento no quedó más remedio que ir recortando un poquito de sus propias magras raciones y haciendo uno que otro cambalache con los demás niños. Más difícil resultó esconder el asunto y defenderlo de las hormigas. Una lata de galletas vacía les solucionó el problema. La enterraron al pie de uno de los caimos del huerto, donde todos los días iban los escueleros a trabajar durante unas horas. Aprovecharon la distracción de un campeonato de fútbol, un domingo, para picurearse por la trocha que los conduciría al caserío de los blancos, donde vivía su madre luego de quedar viuda. Tres días de duro camino gastaron en la huida; hasta se les lastimaron los pies, pues lo hicieron en pleno verano, cuando las trochas están muy secas y los terrones son como piedras.

Pocas semanas después del escape, el Mayor se lo llevó al Tolima. Era mejor eso que aguantar el castigo del cura y hacer pasar a la madre por la vergüenza de ofrecer disculpas por su levantisco hijo.

En la gran hacienda, cerca de El Prado, cuya casona quedaba muy cerca del pueblo, el niño había desenvuelto su vida. Asistía a la escuela, pero harto tiempo quedaba para ayudarles a los vaqueros achicando el terneraje y para colaborarle a la patrona con los mandados.

Aún adolescente lo enrolaron en el ejército. Eso sí que fue duro: prestar servicio en zonas de pleno desorden público. Ya había perdido la cuenta de los combates en los cuales tuvo que participar. ¡Tanta sangre, tanta crueldad, tanto inocente muerto! Era como si la época de las caucherías, cuando se cometieron tantas crueldades contra su tribu —así se lo había contado su padre— se hubiera vuelto a repetir. Sólo que esta vez eran los blancos los muertos y los torturados y no ellos, los indios de la Amazonia. Pero a muchos indígenas del interior, de los Llanos y de la Costa sí que se les volvió a complicar la vida durante estas últimas décadas de rabia. ¡Cuántos bandidos y políticos de todos los colores no venían fomentando y aprovechando la falta de buen gobierno para matar impunemente a tanta gente indígena, sobre todo dirigentes; negarles sus reclamaciones territoriales o arrebatarles sus tierras ancestrales; la Tierra, la Madre Tierra, esa sin la que el indio no es nada!

La visión que apareció en seguida le hizo pasar el sabor amargo que esas evocaciones le producían. Allá, a lo lejos, se alcanzaba a distinguir el alto techo de la maloca, la Madre Maloca, la gran casa del abuelo materno, a donde había regresado su madre luego de una corta permanencia en el pueblo; al fin y al cabo, no había tenido más hijos que él y era mejor estar entre su gente que andar como mujer sola dando tumbos por ahí.

Se fue acercando, cansado ya, luego de casi tres días de camino, unas veces entre la selva que amparaba con su fresca sombra, pero también buena parte a cielo abierto, cuando atravesaba las mesetas peladas cuyos pisos de roca sólo permitían de trecho en trecho algún matojo raquítico. Sabía que no lo esperaban y que la hora a la que iba a llegar no era la más propicia para encontrar a alguien en una maloca. Presintiendo la frescura que brinda una techumbre de palma, apresuró la marcha para descansar pronto del implacable sol que en ese momento caía a plomo sobre su fatigado cuerpo.

Por fin llegó, y como ni siquiera ladraron los perros, supo que, efectivamente, allí no había nadie. Todos estarían en sus ocupaciones diarias fuera de la maloca: las mujeres y los niños en la chagra, y los hombres pescando, en cacería o de pronto en una minga tumbando la selva para preparar el nuevo huerto.

Vaciló un poco antes de dar con la puerta de la maloca cuyo batiente se disimula entre la trama del tejido de palma, que cubre desde la cumbrera hasta el piso: la piel de la maloca. Levantó la puerta y penetró en ese vientre oscuro. Al comienzo sus ojos, que venían deslumbrados, no percibieron más que tiniebla. Lo primero que sintió en su sudorosa piel fue la frescura de ese ámbito tan diferente al fogaje de afuera donde el sol reverberaba. Poco a poco su vista se fue adaptando a la penumbra interior. Levantando sus ojos hacia el techo percibió las estrellas de ese cielo artificial: los intersticios del tejido, o, siguiendo la otra tradición, vio los huecos por donde penetran las lanzas del Padre Sol.

Más por el recuerdo que por verlo, fue generando y armando ese pequeño mundo. A la entrada, hacia la izquierda, se encontraba el *maguaré*, conformado por dos grandes tambores de madera, sobre los cuales se acostumbra suspender las garras del águila arpía, recuerdo de cuando en el mito la rapaz capturó la gran serpiente de cuyos trozos centrales se iba a construir el instrumento, el "telégrafo de la selva", como lo llaman los blancos. Hacia la derecha, tendido en el piso, reposaba el inmenso *yadiko*, la gran talla de madera, el tronco ahuecado y puesto boca abajo, con sus altorrelieves en los dos extremos, la Mujer-pez —la Madre Buinaiño— y el caimán. Ese largo madero atestigua otra tradición mítica, aquella donde de los trozos de la Anaconda Ancestral habían salido las diferentes naciones de los hombres. Extasiado, por un momento oyó en su interior la retumbante voz del *maguaré*, y percibió en todo su cuerpo la vibración producida por el *yadiko* cuando los hombres, brincando sobre él, lo hacen cimbrar y chocar contra el piso. Vibración y retumbo: sensaciones que hablan de orígenes, cuando el mundo recién emergía del silencio primordial (el silencio del mundo antes de la creación).

Sus ojos y recuerdos continuaron recreando ese mundo, ese microcosmos. Al fin de cuentas la maloca representa el universo; imagen de la Madre Primordial —la Tierra Generatriz. En su vientre oscuro y pletórico de poder se gesta la humanidad. Los hombres se harán humanos mediante el uso del lenguaje, las relaciones sociales, los utensilios, los ritos y, sobre todo, las historias que hablan del origen. Con todo ello podrán domeñar la fuerza descomunal de lo recién salido del caos primigenio. Estaba rememorando esas historias cuando sus ojos, ya avezados a la sombra, descubrieron los pequeños bancos rituales donde los hombres en la noche se sientan presididos por el abuelo sabedor, que desde el suyo eleva la palabra recreante de los mitos, y del buen consejo.

Sus pasos lo condujeron lentamente hacia ese punto, el lugar masculino por excelencia donde se ubican los banquitos que rodean el coqueadero. Entonces, surgió en su memoria la figura poderosa del abuelo paterno dirigiendo el rito en que los hombres procesan y consumen las hojas de la planta sagrada, la coca. Ésta, con su compañero, el tabaco ritual, permitirá a los humanos entrar en relación con las Fuerzas que controlan la realidad, y les dará el poder espiritual para relacionarse los unos con los otros y con los ancestros mediante la palabra profunda, la que trae el origen, cuando las gentes eran todas iguales y apenas emergían de la matriz silvestre. ¡Cuán distinto este profundo sentido en el uso de las plantas sagradas, dones de los dioses, frente al mal uso que hacen de ellas los blancos! ¡Bien lo sabía él que había conocido sus mañas! Y no pudo menos que dejar su carga en el piso de tierra y sentarse en uno de esos bancos para extender desde allí su mirada tranquila a los otros sectores de la maloca.

A los costados, entornando el cuadrado central, espacio conformado por los cuatro grandes postes que soportan el peso principal de la estructura, están los fogones alrededor de los cuales, por lo general, en las primeras horas de la mañana y en las últimas de la tarde las mujeres se agitan en la labor doméstica de preparar los alimentos traídos de los huertos familiares —acción transformadora de lo crudo en cocido—; en últimas, idéntica a la que hacen con la prole: cocer la semilla en su vientre y dar a luz un ser que se irá haciendo más y más humano bajo su amoroso cuidado.

Así, poco a poco fue emergiendo con toda su dulzura y potencia generadora la imagen de la madre. Menuda y grácil, con su cuerpo flexible y fuerte tallado en la labor cotidiana, trabajo callado, sin alardes, por sobre el cual revoloteaba siempre su palabra cantarina. Bien recordaba esto porque el padre a veces se quejaba del parloteo de las mujeres, ese que a veces lo distraía impidiéndole llegar a lo más hondo de sus meditaciones. Se acordó de cómo la madre, un día, hablándole por lo bajo le dijo:

«¡Pues qué! No hagas caso de esas rabietas de tu padre. Al fin de cuentas, si yo no preparo los alimentos, pues tampoco él podría pensar ¡es que el hambre no deja pensar!»

Y, sabiamente había agregado:

«Cuando se preparan los alimentos hay que cantar, reír y hablar porque la vida es buena, y esa es la mejor forma de dar gracias y, además, se ha de hacer así para que rinda y todo quede bien sabroso».

Ya desacalorado, luego del breve descanso, el Hombre se dirigió con paso seguro hacia uno de los costados donde se acostumbra poner el moyo de la *cauana*, la fresca bebida preparada con almidón de yuca y zumo de algún fruto; en ese momento resultó ser del sabroso asaí, la esbelta palma, algunos de cuyos ejemplares, que brotan en apretados conjuntos, se distribuían entremezclados con otros frutales alrededor de la maloca. De paso, al alzar la cabeza para escurrir la totuma que sirve de tazón, distinguió la pasera, la plataforma de varas que pende sobre el fogón. Acto seguido, incorporándose, alargó las manos ávidas de alimento. ¡Qué de sabrosuras no había allí!: una sarta de ranas moqueadas[2], unos grandes trozos de carne roja que bien pronto supo que eran de danta, y muchos peces, entre los cuales seleccionó un sábalo de buen tamaño. Retirado el pellejo renegrido por el humo, quedó al descubierto la carne sonrosada, olorosa a bosque perfumado. Bien supo, con esa memoria infalible que tiene el olfato, que su madre escogía muy bien las maderas para secar y ahumar las carnes.

Con su presa en las manos, orientó la búsqueda hacia los canastos que colgaban de las vigas y de uno de ellos sacó buenos trozos de casabe, luego, ya con prisa, se acercó a una camareta, que funge de mesa de cocina y aparador, en busca de la deliciosa *cazarama*, la salsa de ají donde se mezclan el caldo de yuca y el zumo de sus hojas maduras, distintas carnes de animales de monte, en compañía de trocitos de pescado, y todo ello complementado con el toque maestro de las hormigas picantes, que al mascarlas invaden el paladar con su aroma. Repetidas veces, en cuclillas, sumergió el casabe en la negra salsa, comió y comió hasta saciarse y, finalmente, tomó otra gran totumada de la delicadísima *cauana*.

Y como allí, rodeando los fogones que en ese momento lucían apagados, colgaban los chinchorros, se tendió en uno de ellos. El sueño vino pronto y no hubo pesadillas; éstas, a pesar de que el hambreado caminante había comido tanto, pasaron de largo por entre la trama donde, muy a propósito, el tejedor había dejado un nudo sin hacer para que por esa abertura se colaran y dejaran en paz al durmiente.

Estimulados sus recuerdos de infancia con tantas sensaciones renovadas, amables imágenes desfilaron por las vastas estancias del mundo

---

[2] *Moquear:* así se denomina en la Amazonia al proceso de ahumar los alimentos, especialmente carnes.

de sus sueños. Cosas sabrosas debía estar soñando, pues su rostro era plácido, esbozaba una sonrisa y de vez en cuando pasaba su lengua por los labios con un gesto de plena satisfacción.

Varias horas después, cuando los rayitos de sol se colaban por las claraboyas laterales del lado occidental de la cumbrera, y caían ya oblicuos sobre el piso, un alboroto entre las hojas del techo, encima de la cabeza del Hombre, lo despertó. Algo se movía allí. Con el temor de que fuera algún bicho venenoso, alargó cautamente el brazo y le echó mano a la linterna que colgaba de una de las vigas laterales; la destapó, acomodó las pilas y alumbró hacia el sitio de donde procedía el ruido. En una ancha sonrisa se trocó la tensión de su gesto cuando comprobó allí la presencia de un viejo amigo, el *konago*. De la jeta del lagarto sobresalían aún las patas y los élitros de una gran cucaracha. Bien le cabe al bicharrejo el sobrenombre de DDT de las viviendas pues, semidomesticado, se convierte en un efectivo predador de pequeñas alimañas. Su madre le había regalado uno que encontró en la chagra, casi recién salido del cascarón, y él terminó de criarlo alimentándolo con hormigas, arañitas, grillos, comejenes y cuanta cucaracha pudo capturar viva en la maloca. La adopción del animal constituyó una oportuna circunstancia para que su abuela contara muchas historias de los animales amigos; con sus primos la rodeaban, en las tranquilas horas luego de regresar de la chagra, cuando concluidas ya todas las labores pesadas, la anciana se sentaba en la puerta de la maloca a tejer las pulseras y abrazaderas de cumare, labor preciosista en la que era insuperable. Un día les contó la historia del *konago*, quien ayudó a Jitoma ("el Sol") y a su mediohermano Kechatoma ("el tuerto") a descubrir al culpable de la muerte del padre; el animalito los llamaba moviendo la manita. Por eso los lagartijos se quedaron con la maña de agitar su patica delantera. Este animal hace parte de la cohorte de bestias ayudantes del hombre, que se constituyen en la intermediación necesaria entre el mundo de los animales silvestres y el de los humanos. No es por menos que de ellos se cuenten tantas historias, siempre ayudando a los héroes en sus difíciles trances, cuando combaten tratando de establecer un mundo amable en donde las gentes puedan medrar en paz.

Estaba en esas remembranzas cuando oyó voces a lo lejos, casi imperceptibles. Venían del lado del quebradón. Salió de la maloca hacia el embarcadero. Dos canoas medianas y una pequeña remontaban la corriente a golpe de remo. Se columbraban gentes de todos los tamaños. Parado en el barranco, aguardó. Ya debían haberlo divisado. Por un momento se distrajo pensando en las conjeturas que estarían tejiendo sobre el extraño que esperaba. Es cierto que unos meses antes había mandado razón con uno de los maestros del Internado diciéndole a su gente que pronto estaría con ellos, pero sin poder precisar la fecha. ¿Lo reconocerían después de una ausencia de quince largos años? ¿Habrán podido hacerse una imagen suya con base en las fotografías que les enviara el año anterior? ¿Y cuál de esas mujeres sería la madre?

Los niños que venían en la proa fueron los primeros en saltar y correr presurosos a amarrar la canoa en las piedras del embarcadero. Él bajó del barranco y se fue aproximando a la orilla. Una mujer de mediana edad aceleró el paso, aproximándosele. A pocos metros el uno del otro se detuvieron; se miraron con intensidad buscando en el recuerdo los rasgos amados:

—¿Madre? —murmuró él.

—¿Hijo? —musitó ella.

Y un abrazo los unió eclipsando toda la ausencia.

Es mucha la actividad en los últimos días. La gente ha empezado a ponerse nerviosa. La expectativa es grande. El abuelo Dueño-de-maloca ha fijado que el baile tendrá lugar en quince días. Este anuncio fue hecho durante la noche anterior, en el punto culminante del rito del mambeo, cuando un aire fresco que a todos llenó de aliento entró a la maloca y ascendió desde los pies de los mambeadores hasta llegar a su corazón, en tanto que un perfume de frutas endulzó el ambiente. Era la inequívoca presencia de la Madre Buinaiño, que de esta manera aprobaba todos los largos preparativos. Esa es la última gran señal que se espera en vísperas de un baile.

Todos los augurios han sido buenos. No han ocurrido muertes recientes, ni nadie en la comunidad anfitriona está enfermo de gravedad. Por ahí uno que otro niño tiene gripa y algo de fiebre; pero ya sus respectivos padres se han encargado de los primeros auxilios curanderiles: unas cuantas oraciones sencillas utilizando tabaco y algún medicamento de la inmensa farmacopea bastarán para sanarlos; no es necesario que el *ikórirama* ("curandero especialista") se emplee a fondo.

La gente, comenzando por el propio abuelo, ha tenido sueños propicios. Muchos han soñado con grandes cantidades de frutos, prueba inequívoca de que el baile tendrá lugar y en él habrá mucha abundancia, y ya no sólo de frutos, porque es bien sabido que si se sueña con maraca, eso indica que los cazadores cobrarán borugas, y si en el sueño aparecen yugos es porque es seguro que abatirán algún venado. Esos sueños, por tanto, garantizan que abundarán las presas de caza, hecho este fundamental, pues se trata de un baile de carne, y en la presente ocasión será nada menos que el más importante de todos los ritos de los uitotos: un Baile de palo cimbrador resonador multiplicador, Baile de *yadiko*. En este punto el abuelo, se siente muy complacido cuando el Hombre cuenta el sueño que tuvo el día de su arribo. Y es que el recién llegado, al oír las charlas de la gente sobre el asunto, recordó el contenido de ese sueño. Sí, en él habían aparecido muchas frutas. Esto le da una gran seguridad al abuelo pues su nieto no tenía por qué saber la proximidad del baile. Incluso, hasta su sola llegada significaba cosas buenas: unos brazos robustos y jóvenes eran bienvenidos, pues las tareas que se avecinaban eran muchas y arduas.

Las cosechas pintan de maravilla. Además de los enormes yucales en plena producción, y sembrados específicamente para la gran ocasión, el resultado de la siembra del maní fue espléndido y, según parece, los conjuros del abuelo, conminando a los ratones y tintines a ir a tragar a otra parte, resultaron efectivos, pues los daños ocasionados por estas bestezuelas fueron mínimos y muchos de ellos habían terminado por caer en las trampas, con lo cual contribuyeron a la pitanza de los sembradores.

Anoche, luego de hacer el abuelo el anuncio oficial, se distribuyeron los oficios inmediatos. Se comenzó a constatar que el *yoraïma*[3] había asimilado de modo impecable el contenido del Discurso-del-tabaco-sagrado y era capaz de recitarlo sin variar de tono ni trastabillar palabras. Hace poco amaneció y ya se prepara para iniciar el largo recorrido que lo

---

[3] *Yoraïma*: el mensajero sagrado (en uitoto la ï equivale a un sonido intermedio entre e/i).

llevará, casi durante una semana, por diferentes malocas donde ha de formular la invitación respectiva. Ésta no se reduce, simplemente, a entregar la porción de *ambil*[4] y a formular una invitación elemental. Su discurso ha de enumerar infinidad de animales cuyas fuerzas han de ser aplacadas y sus espíritus aprisionados para que se dejen cazar y, sobre todo, para que con sus asechanzas no vayan a perjudicar a los receptores del tabaco sagrado. Ya desde esta mañana el maguaré comenzó su canto, ejecutado con gran pericia por el segundo de los hijos del Dueño-de-maloca. Su voz le permite recordar a los vecinos que el baile acordado —y lo fue cuando los actuales anfitriones concurrieron al festejo anterior— se va a celebrar en breve. El toque del maguaré anuncia que hoy mismo saldrá el mensajero para hacer llegar la invitación oficial.

El Hombre está admirado de la forma tan en serio como sus parientes se toman todo esto de la fiesta. De niño había asistido a uno que otro baile pero desde luego con la actitud de quien no tiene responsabilidad expresa, excepto la de no recochar ni armar desorden cuando no se debe. Además, en las noches vísperas del baile, bien pronto, cansado de cabecear tratando de seguir la charla de los mayores, se iba a su chinchorro a dormir, y los grandes asuntos siempre se ventilaban bien avanzadas las horas cuando ya, precisamente, los murmullos de los niños y de las mujeres se habían diluido en el sueño.

Desde su llegada se vio envuelto en estos preparativos rituales; los que precisamente a partir de la noche anterior habían entrado en su tramo final. Todo, en estos días febriles, se venía convirtiendo en repaso y aprendizaje, tanto más para él que, según el abuelo y sus tíos, había perdido tanta oportunidad de formarse como hombre completo. Lo bravo del caso es que el viejo, en tan pocas semanas ya quería que asimilara semejante cantidad de cosas, él que apenas estaba balbuceando de nuevo su lengua materna, olvidada luego de tantos años de no practicarla. De la paterna, el muinane[5], sí que recordaba menos. Su progenitor se había casado con una mujer de la tribu *Jitomagaro* ("tribu del Sol"), de la nación uitoto, y al igual que muchos otros muinane había terminado adop-

---

[4] Ambil: pasta de tabaco revuelta con sal vegetal. Es un alimento sagrado.

[5] *Muinane:* tribu indígena muy emparentada culturalmente con los uitotos, pero con menor población que éstos.

El toque del maguaré anuncia que hoy mismo saldrá el mensajero para hacer llegar la invitación oficial.

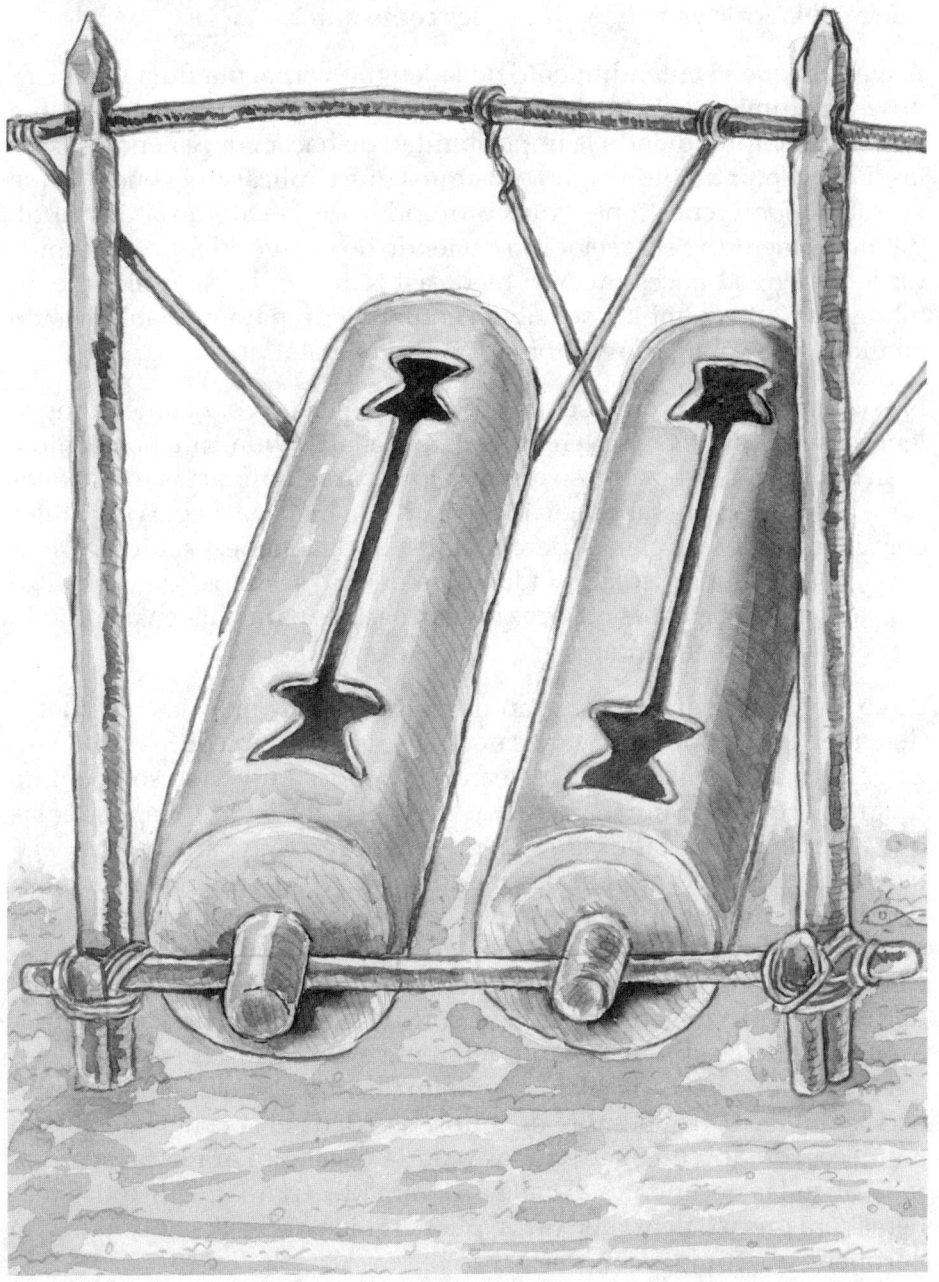

tando por comodidad la lengua de su consorte. No fue así en el pasado. Pero las acciones esclavistas de los caucheros aniquilaron infinidad de clanes y redujeron a los sobrevivientes a poquísimas unidades. Muchos viejos patrones se vieron alterados como estrategia de supervivencia. Luego del terror ya nada volvió a ser como antes.

A medida que el entendimiento de la lengua vernácula fluía y habiéndose acostumbrado a una tan extraña como era el castellano, poco a poco fue comprendiendo la imposibilidad de hacer equivalencias exactas. Para captar a fondo algunos asuntos que explicaba el abuelo y que versaban sobre cuestiones muy profundas de la sabiduría ancestral, definitivamente, le era mejor irlo haciendo de una vez dentro del espíritu de su lengua ancestral. Y si bien casi todos en la comunidad eran bilingües, todos también se habían confabulado para no hablarle sino en uitoto y así obligarlo a retomar su idioma natal.

No obstante, bien pronto se dio cuenta que el solo conocimiento de la lengua no era suficiente. Se requiere de una larga vida, mucho talento y gran dedicación —era el caso del abuelo— para dominar las tradiciones de la propia nación, saber que incluye, desde luego, aspectos generales comunes a todos los clanes, pero también tradiciones específicas, privativas de su clan particular, fundamento de los "secretos" que constituyen las armas y defensas mágicas indispensables para vivir en un mundo en permanente contienda.

Cayó en cabal cuenta de la gran dificultad en dominar los vericuetos del saber, porque durante varias noches se tocó el tema de las adivinanzas. De las muchas que le plantearon no pudo dar con la solución de ninguna. Lo habían amenazado con que a él le iba a tocar responder las que trajeran los invitados al baile, pues era el castigo para los que dejaban la tribu. No ser capaz se pagaba con ponerse un collar de cumare en donde se traman hormigas congas, cuya picadura es la más dolorosa entre todos los bichos ponzoñosos de la selva. Para responderlas correctamente era necesario tener un conocimiento profundo, ya no sólo del entorno amazónico, tan variado, sino de la tradición oral en sus múltiples aspectos, sobre todo en lo referente a las historias sagradas que hablaban del origen de plantas y animales, relatos que en el mundo occidental reciben el nombre de mitos. Quedaba el consuelo de que no era necesario aprendérselas todas para la ocasión. Para la presente se repasaban las pertinentes al baile programado. Claro que de todas maneras será preciso pensar en otras, pues alguien podía llegar con una no pertinente y, ¿cómo reconocerla?

Una de ellas dice así:

> *En cuatro patas entro en el nido,*
> *y cuando duermo soy como un moyo,*
> *moyo sin agua,*
> *lleno de sangre.*
> *Ya cuando salgo voy de arrastrada*
> *llevando el diente*
> *curvo y potente.*
> *¡Huyuy qué miedo!*
> *Dice la gente.*

Menos mal que los preceptores, cuando notaron que su angustia estaba bloqueando ya la capacidad de asimilar enseñanzas, resolvieron confesarle que en realidad la cuestión de las adivinanzas era tan delicada para la tribu que, de atenerse a una persona tan ignorante como él, podría acarrear terribles consecuencias. Era un problema que debía ser enfrentado directamente por el Dueño-del-baile y por el grupo de asesores inmediatos entre los que se contaban siempre los más ancianos y capaces de la comunidad. Cuando supo esto su corazón se apaciguó, pues bien sabía él lo que era un piquete de conga.

El asunto, le explicaron, es muy grave por una sencilla razón: todo baile es en el fondo un torneo del saber. El abuelo Dueño-del-baile representa el pilar central de la comunidad. Es como un árbol frondoso bajo cuyo ramaje medra su gente. Su poder para orientar a las personas a su cuidado, y para conjurar las innúmeras dificultades que el vivir plantea, depende de su saber. Para esa labor se ha ido preparando desde niño, de la mano de su preceptor, generalmente su propio padre. Pero en la formación de un gran sabedor interviene mucha gente; al fin de cuentas el aprendizaje nunca termina.

Las adivinanzas son pruebas de saber. Si un abuelo no responde alguna, quiere decir simplemente que su poder tiene una brecha, y por ahí sus enemigos podrán hacer penetrar la brujería haciéndole daño a alguien del grupo o hasta al mismo abuelo. Le contaban que uno de los tíos abuelos del actual Dueño-de-maloca había pasado por eso. Se trataba de dar con el nombre de un animal; la pista, como de costumbre, era una planta que se asociaba a aquél; la relación sólo era conocida por aquellos que manejaban a fondo un episodio de un mito muy especial, sabido por pocos. Ni ese abuelo ni sus asesores inmediatos habían podido responder. Entonces un viejo, enemistado con el abuelo porque éste no dejó casar a su hija mayor con su hijo —un pretendiente poco recomendable—, armó su brujería canalizándola con base en el animal del cuento. La gente empezó a morir por causas extrañas: accidentes en la chagras y en la cacería; epidemias que se ensañaron en forma extrema, y, lo que fue peor, desconfianza hacia el poder del abuelo y rechazo por sus indicaciones. Al final, ni siquiera las cosechas fueron buenas y las plagas de gusanos y ratones dieron al traste con los huertos. Muchos se fueron y se ampararon como huérfanos bajo la protección de otros sabedores. Por más que el abuelo buscó y buscó, ya no pudo contrarrestar el mal. Por último murió. Los restos de ese clan quedaron dispersos. Claro, todo eso se supo después: en una ensoñación el abuelo muerto se le apareció a su hermano, un gran sabedor, y había desentrañado la causa. Al final, el autor de la brujería pagó con su vida el mal hecho: encontró un contendor que fue capaz de voltear y devolver la brujería.

Pero el saber no se manifiesta sólo en las adivinanzas. Todo es objeto de examen por parte de los invitados. La forma correcta de llevar a cabo los diferentes pasos de la ceremonia, las coreografías de las danzas, la justicia al pagar con alimentos cultivados a los invitados por las piezas de caza y pesca que éstos aporten, el acierto en la elección de las canciones, el mantenimiento del orden durante el rito, en fin, los mil detalles que conforman una fiesta.

Y hay algo más. No sólo los invitados fiscalizan los actos rituales de los anfitriones. Las fuerzas cósmicas también andan al acecho. Al fin de cuentas, un baile es una acción que reafirma la cultura. Enraiza a los hombres para que medren en la tierra. Si el rito se realiza de modo impecable, las mujeres serán más fecundas, las cosechas generosas, abundará la caza y la pesca, y la salud y la armonía social serán la constante. Esto, por supuesto, no conviene mucho a los animales ni a los grandes árboles. Si nace más gente, aumentarán los cazadores y los cultivadores con necesidad de tumbar más hectáreas de bosque año a año para sembrar la nuevas chagras. Y esto porque los cultivos, debido a la poca fertilidad de los suelos amazónicos, no pueden aguantar más de tres años en producción y se abandonan para que la selva los invada y vaya regenerando, muy lentamente, la fuerza de la tierra. Este proceso ha de durar no menos de un siglo para tornar a las condiciones iniciales. Los Dueños-de-árboles y los Dueños-de-animales también aprovecharán las fallas en el saber para introducir la destrucción en los grupos. El equilibrio cósmico así lo exige. Si los hombres prosperaran indefinidamente,

Bien se podía afirmar que se bailaba para vivir y se vivía para bailar. Todo tendía hacia ese rito.

aumentarían tanto que terminarían aniquilando la selva, sin permitir que ésta se recupere y acabando, de paso, con los animales que dependen de ella. A la postre, ya ni los mismos hombres podrían sobrevivir, pues ¿qué quedaría para comer?

Y como los bailes son, precisamente, el acto más reafirmante de lo humano, las comunidades los están realizando a menudo. El abuelo comentaba una noche cómo los bailes habían venido decayendo en contenido y frecuencia. Contraponía el hoy al ayer, cuando los clanes vivían por entero en función de los bailes. Su avanzada edad le había permitido presenciar —siendo adolescente— los usos de antaño, antes del desastre causado por obra de los caucheros colombianos y peruanos. Bien se podía afirmar que se bailaba para vivir y se vivía para bailar. Todo tendía hacia ese rito. Las chagras se sembraban en procura de los alimentos requeridos para atender las necesidades de los invitados, y de paso, las propias. En forma recurrente, en las reuniones habituales de maloca se repasaba la tradición para atender, de modo muy escrupuloso, a la correcta ejecución de cada ceremonia; la competencia era dura y el honor y el prestigio requerían escalar el poder, cuyo fundamento era confrontado en cada rito comunitario, ya se participara como invitado o receptor. La permanente guerra intertribal imponía la ineludible necesidad de las alianzas para neutralizar contendores y hacer nuevos amigos, y así lograr afrontar con mayores posibilidades a los enemigos comunes. Un clan cuyo cacique hubiera amasado un gran prestigio en la realización de los rituales propios de su estirpe, atraía a los otros. Los demás clanes buscaban casar a sus hijas con el descendiente de un hombre fuerte, cuyo saber garantizara abundancia y seguridad. Sí, la selección cultural era bien dura. El mediocre no sobrevivía. No podía amparar a nadie.

Incluso antes del horror generado por la actividad esclavista de los caucheros, no fue infrecuente la decadencia de algunos clanes. Muchas eran las causas: por ser diezmados al salir perdedores en las guerras intertribales; por epidemias que los sabedores respectivos no habían podido controlar, o —lo más grave— por la muerte prematura de los hombres-estantillo[6], cuando no alcanzaban a dejar un sucesor ritual suficientemente formado en los complejos laberintos de la tradición ancestral.

---

[6] *Hombre-estantillo:* jefe en quien se sustenta la organización de la tribu.

Cuando estos desastres acontecían, la gente terminaba disgregándose y sus miembros, convertidos en huérfanos, debían acogerse como tales al amparo de otro Dueño-de-maloca para tener un puesto en los ritos y sólo así poder conservar su estatuto humano.

Además, estaba la omnipresencia de la brujería. Todo hombre individual genera enemistades a lo largo de su existencia: la enemistad de base lo enfrenta con las plantas silvestres y las bestias por el solo hecho de ser humano, poseedor de dones especiales que suscitan envidia; las enemistades que siguen son múltiples, proliferan al tratar con otros hombres. Y nada mejor que estar amparado por un gran sabedor cuya capacidad para avizorar las esencias, mediante el manejo de las plantas sagradas, permite descubrir, ubicar y superar los hechizos que arman los espíritus silvestres y los brujos.

—Ya las cosas no son como antes —dijo aquella noche el abuelo, con su dejo nostálgico—, pero mientras yo dirija esta comunidad procuraré ajustarme a los usos antiguos, sobre todo ahora con tanta cosa nueva. —Y en una clara alusión al nieto recién recuperado, continuó—: Ojalá que aquellos recién llegados no nos traigan novedades de blancos que vayan en contra de nuestras costumbres.

Pero sí, indudablemente es bueno saber, y saber es bailar. Al fin de cuentas, cuando el abuelo habla de baile lo hace refiriéndose a él con la palabra *rafue*. ¡Cuán difícil le resultó al Hombre recién llegado habérselas con los innúmeros matices y sentidos de esa palabra, la más fuerte, que entre otras cosas demuestra su gran poder vistiéndose de la más ligera vanidad! De equivaler a Palabra de Poder, la modelo, pasa en ocasiones a utilizarse en el sentido de noticia reciente, o chisme.

Hace dos noches, aprovechando que la mayoría de los hombres se había ido de cacería y la asistencia al mambeadero estaba muy rala, el Hombre le pidió al sabedor que le aclarara lo concerniente a esa palabra. Él se quedó en la maloca para ayudarle a las mujeres en la colgada de los pesados matafríos. Éstos, rellenos de masa de yuca brava, son suspendidos del último travesaño de la escalera de la yuca para luego exprimirlos y extraerles el jugo venenoso, que después, muy bien cocido, se volverá benéfico y servirá para muchos usos culinarios. La masa, luego de ser cernida, permite confeccionar las grandes arepas de yuca, el delicioso casabe, base vegetal de la alimentación de los indígenas amazónicos, o bien con ella se hace la fariña, la harina de yuca, alimento almacenable, compañero imprescindible en los viajes y objeto de un incipiente comercio. Concluidas las labores y después de la segunda y última comida del día, el Hombre se sentó frente al abuelo, con otro de sus primos, que siempre acompañaba al viejo, toda vez que era el principal aprendiz en el que había recaído la inmensa tarea de asimilar, guardar y desarrollar el milenario saber del clan.

El abuelo, oída la solicitud, entrecerrando los ojos, lo escudriñó largamente y el Hombre sintió que aquella mirada iba más allá de todo lo inmediato. A continuación el viejo introdujo una gran cucharada de mambe[7] en su boca, guardó un largo silencio, tomó el coquillo donde guardaba su *ambil* personal, introdujo varias veces el palillo revolviéndolo, y lo chupó con especial deleite. Quedó de nuevo callado mientras, entrelazando los dedos de sus manos, rodeaba sus rodillas con los brazos. Pareció sumergirse en una gran hondura contemplando el círculo formado por sus brazos[8]; luego dijo:

—¡De manera, nieto, que es en serio que quieres llenar tu canasto! Bien está eso. En tu estirpe, tanto por el lado nuestro como por el de tu difunto padre, figuran grandes *nïmáirama*[9] y poderosos *ráfuema*[10]. Es natural que tu cuerpo y tu corazón tiendan hacia ello. Eso debe estar sembrado en ti. Sí, he notado que estás ansioso por saber. Preguntas y observas mucho, y las tareas que se te encomiendan las haces con gusto. Pero ¿cómo estar seguros de que tu interés por el conocimiento no será una curiosidad pasajera? Muchos vienen, se sientan y no persisten. Se te ha de poner a prueba. No basta el deseo; aunque sin él no hay nada. Aún no alcanzas a barruntar el lado terrible del saber, lo duro del sendero del conocimiento. Éste no se entrega así no más. A lo mejor careces de la fuerza para persistir y te rajas. ¡Conque quieres llenar tu canasto y nada menos que con *rafue*! Está bien. Pero si quieres llenar tu

---

[7] *Mambe:* polvo de hojas de coca tostadas, piladas, mezcladas con cenizas de hojas secas de yarumo y cernidas.

[8] Este círculo representa la boca de un canasto, el del saber, donde el sabio guarda los conocimientos que conforman la tradición ancestral.

[9] *Nïmairama:* "El que maneja nïmairama", la planta del saber. Sabio.

[10] *Ráfuema:* "Dueño-de-la-palabra-fuerte". Sabio.

La paz se hace cantando

Los jefes se sentaron.
Con rabia habían luchado.
Muchos males se hicieron
mutuamente.

Ya, enfrentados,
encontraron que el otro
era valiente
y digno de confianza.

Y sellaron la paz.
Fue cuando los nuestros
aprendieron
las canciones y el baile de
los otros;
y ellos también copiaron lo que
es nuestro.

—¡Miren ahí! —decían
nuestras gentes.
—¡Miren ahí a los jefes
sentados frente a frente,
como hombres,
forjando la ancha paz con sus
canciones!

Bogotá, abril de 1995.
Mitopoema basado en las tradiciones de las guerras entre uitotos y karijonas, según la tradición del abuelo José Vicente Suárez, de la nación Uitoto.

Origen

El Padre sentado entre el Silencio,
maduraba silencios.

Aún no se inventaba ni el trueno,
ni el murmullo del viento entre las
hojas,
ni el rugido del tigre, ni el grito de
las águilas, ni la voz como espina
del zancudo. ¿Con quién puede
hablar el dios?

Entonces vio su sombra.
Estaba allí, sentada.
Se inventó la palabra y el eco
respondió (el eco que es la sombra
del sonido).

—¡Ya tengo compañero! —exclamó el Padre.

Fue así como los hombres nos
formamos. Por eso nos sentamos
frente al Padre y cuando en el ritual
la voz eleva repetimos sus últimas
palabras.

Bogotá, abril de 1995
Mitopoema creado sobre la base de tradiciones uitotas narradas por el abuelo Noé Rodríguez, de la nación Muinane.

Venimos a rodear al padre

Venimos a rodear al padre,
el que se sienta
en el banco ritual de los Antiguos,
donde se enraíza la palabra buena.

Nos dice
que cada cosa tiene un canto,
que en el canto se fragua
y que toda labor que él nos enseña
nos hace canto.

Venimos a rodear al padre,
el que se sienta
donde se enraíza la palabra buena.

Poemas tomados del libro y del catálogo de la exposición Palabra Obra *de Fernando Urbina, Organización de Estados Iberoamericanos –OEI–, Bogotá 1995.*

canasto con el saber, primero debes construirlo. El comienzo es simple, muy simple. Mañana, los dos solos, haremos un paseíto por el monte.

Es media mañana. El abuelo empuña su machete nuevo, regalo del Hombre. Se tercia su *matirí*[11] donde ha puesto algunos chismes, su talega de coca, y otras cosas sagradas, tales como los *guamados*, que son piedrecillas cargadas de poder, y forman parte de los *raa* de los chamanes. De su cuello pende el coquillo del *ambil*. Llama a Jóniama, el perro que siempre lo acompaña en sus salidas al bosque cuando lo recorre para buscar plantas medicinales o simplemente para obtener conocimiento de las cosas de la vida, pues la selva está llena de señales. El viejo y el Hombre toman el camino del río y luego de bajar el barranco cruzan un inmenso pedregal en cuya punta inferior se ubica el puerto; es parte del lecho seco del río que, al bajar de nivel en los meses de verano, queda al descubierto. A esa hora tempranera el sol oblicuo toca las inmensas losas haciendo resaltar numerosos grabados rupestres. El Hombre recuerda y comenta:

—Abuelo: un día estuvimos patrullando en Aipe, en el departamento del Huila. Entre los compañeros iba un campesino de Santander, para más señas de Zapatoca, quien fue colono en el Caquetá. Cuando estábamos mirando una famosa piedra que está allá, llena de muñecos, comentamos que se parecían a estos que se encuentran por acá. Entonces él dijo que se había dado el gusto de llamar mentiroso a uno de esos doctores que iban por ahí, en Araracuara, engañando bobos, diciendo que esas figuras fueron hechas por los antiguos indígenas. Que él sí le dijo al doctorcito ese, en su jeta, y delante de los estudiantes que llevaba, que se dejaran de hablar pendejadas, que cómo se les ocurría decir eso, si los indígenas en primer lugar eran muy perezosos para ponerse en semejante trabajo y, además, cómo iban a poder hacer esos surcos tan profundos en las rocas sin tener cinceles de metal, con sólo piedras, huesos y maderas. Que él sí sabía cómo aparecían esas figuras, y era porque los caracoles caminaban sobre esas piedras e iban dejando su

---

[11] *Matirí*: mochila pequeña en donde los sabedores guardan sus *raa* (cosas de poder).

baba y esa baba carcomía la piedra, la iba gastando creando esas figuras. ¿Será eso cierto? Recuerdo que mi papá algo me dijo sobre quiénes hicieron estas cosas, pero ya no me acuerdo. ¿Quién las hizo, abuelo? ¿Y cómo?

—Tú y tu preguntadera —responde el viejo—. Por estar preguntando tanto sin haberte preparado es que todo se te olvida. ¿Cómo lo vas a retener si no tienes canasto? Ni siquiera tienes un bejuco para amarrar el conocimiento. Aguántate un poco. Más bien háblame de cómo era tu vida en el ejército.

Así, desgranando anécdotas de cuartel, llegaron a la cabecera de la trocha que se internaba en el bosque, esa senda hecha para recorrerlo pero no para llegar a alguna parte.

—Bueno —dijo el abuelo—, aquí lo mejor es que te calles o al menos que no sigamos parloteando de esas cosas de blancos. Ya estamos en la chagra de los animales; es cierto que hemos hecho alianza con el Dueño de este lugar y nos ha dado permiso para usar con mesura los seres que aquí habitan, pero a él no le gustan los extraños y de pronto arma culebra o arma conga[12]. ¿No sabes que cuando los blancos vienen por estos rumbos son objeto de accidentes mayores? Y es blanco el que habla cosas de blancos. En los ríos, los Dueños-de-raudales les voltean las canoas; en la selva les ocurre uno y otro percance, sobre todo a esos que se las vienen a dar de conocedores, de tarzanes, como dicen los descoloridos. No olvides que para los espíritus tutelares es blanco el que habla cosas de blancos. —Y continuó diciendo:

—Anoche, luego de que te fuiste a dormir, me quedé meditando, esculcando en mi canasto hasta dar con las historias que hablan de cómo los héroes antiguos se iniciaron en el conocimiento. Contigo vamos a hacerlo como corresponde. Mañana harás el vómito para limpiarte de todas esas porquerías de otras gentes que tienes en tu cuerpo. Eso es lo que no te deja aprender con rapidez, te hace pesado, te produce sueño y tus ensueños vienen confusos, o al despertar casi no los recuerdas. Y también, cuando todos los hombres ya hayan vuelto de la cacería, haremos el ritual de la primera coca. Ahora, ve hasta aquellas palmeras y

---

[12] Armar culebra o armar conga: preparar al animal salvaje para atacar al intruso.

corta tres palmas, y de paso libéralas de tanto bejucal que les impide crecer, para que también aprendas a liberarte de todos los "bejucos de los blancos"[13].

Cumplida la orden, el abuelo se sienta sobre un tronco y con una rapidez asombrosa empieza a trenzar las hojas de una palma, utilizando el estípite como soporte. En pocos minutos el tancho está concluido: un liviano pero resistente morral desechable.

—Míralo bien —dice el viejo.

Luego el anciano lo vuelve a tomar. Deshace la labor y una vez hecho esto, le dice al Hombre:

—Ahora te toca a ti. Este es un canasto provisional, de pura emergencia.

Él, que sabe armar y desarmar un fusil con los ojos cerrados, de pronto se da cuenta de que sus manos resultan inútiles para esta tarea aparentemente tan sencilla. Sonriendo, el abuelo toma otra palma, comienza nuevamente y dice:

—El primer paso: cruzar una hoja sobre otra. Así fue en el comienzo. Así empezó a hacerse la tierra. El Creador, Añïraima, puso en cruz los extremos del hilo soñado, ese que era como hebra de araña, casi invisible. Y tal fue el comienzo de la inmensa tierra. Toda creación comienza con un contacto. Con un cruce. Con una articulación.

Con lentitud, las manos del Hombre van como recuperando movimientos perdidos, memorias de otros ritmos, diluidos en el tiempo de la infancia, ritmos de vida que construyen cosas y al hacerlas van interiorizando las figuras hasta que el hacedor se hace uno con el utensilio y termina adoptando sus propiedades y virtudes.

Ahora el abuelo ha vuelto a deshacer el tancho que estaba trenzando. Toma la palma restante y fabrica uno doble. Al terminar, se lo da al

---

[13] "Bejucos de los blancos": todos los problemas no resueltos que la cultura blanca ha puesto sobre los indígenas.

Hombre y le pide el pequeño, explicándole que como él es mucho más joven, debe cargar más.

Una vez puestos los amarres, se tercian los morrales y dejando la angosta senda de caza se internan en la manigua. A poco de andar el viejo se detiene e indica a su nieto un haz de bejuco *yaré* que asciende por el tronco de un árbol de mediano tamaño. El Hombre intenta cortarlo por abajo, pero es detenido en el acto y recibe la orden de jalarlo para desprenderlo de su agarre en lo alto. Sólo después de caer debe machetearse cerca de la tierra. Cortados los bejucos los enchipan, es decir, los enrollan en espiral uno a uno y los van depositando en el morral. Continúan la marcha. Así van haciendo el recorrido por el bosque, deteniéndose aquí y allá en la recolección de diversas especies de plantas con las que fabricarán, según el abuelo, toda la gama de canastos, cernidores y coladores que la comunidad emplea en forma cotidiana; pero también recolectan otras, como cogollos de palma de cumare, para confeccionar las distintas cuerdas con las que tejen chinchorros, redes, pulseras, abrazaderas y otros adornos para el baile.

Concluida la recolecta, el abuelo se planta ante el Hombre y le espeta:

—Ahora veamos qué tan bueno eres para orientarte. Tú irás adelante.

El Hombre disimula una sonrisa y sin titubeos echa a andar. A poco de iniciar el retorno, el abuelo empieza a intrigarse acerca de por qué su sobrino, recién llegado, acostumbrado a las cosas de los blancos que embotan la capacidad de discernimiento de los sentidos, es capaz de orientarse con tal facilidad. Y al fin le pregunta:

—¿Cómo es que vas tan seguro si dimos tantas vueltas y ni se ve el sol con la nubazón que hay ahora?

—Pues mire, abuelo —dijo el Hombre—, si fuera cosa de blancos no le diría nada, porque de pronto el Dueño de esta parte hasta nos haría perder de verdad, pero esto es cosa de nosotros los indígenas. Cuando estuve en la escuela en el Tolima, el Mayor en cuya casa vivía me hizo apellidar cuando saqué la tarjeta de identidad con el nombre de mi tribu. Así me quedé. Él me dijo que al menos eso me recordaría siempre quién era mi gente. Ya en el ejército, mi Capitán Londoño me preguntó si yo era indígena y de dónde. Luego, de una, me encomendaba siempre que hiciera de rumbero (guía) en las comisiones. "Confío en su instinto", me decía. Así que a la brava me tocó recordar lo que de niño aprendí cuando salía de cacería con mi padre. Hoy, ya por costumbre, ni bien entramos al monte me fijé en ciertas cosas, sobre todo en qué lado tienen los árboles la lama. Además he ido dejando algunas señas con el machete, y tengo adiestrada la memoria para eso; no en balde encabecé la búsqueda de muchos soldados y patrullas que se perdían cuando se topaban con la guerrilla. Y así es siempre: apenas llega un indígena de por estos lados, inmediatamente los superiores se frotan las manos porque ya tienen guía y rastreador de fiar.

A pesar de ir ya bien cargados, el par de recolectores no desdeñan apañar otros productos de ese inmenso "supermercado" que es la selva para los indígenas. Desde luego es un "almacén" donde sólo se toma lo indispensable, sin dar cabida al más mínimo desperdicio. Se dice siempre, y es palabra de mambeadero[14], que lo que más suscita la venganza de los Dueños-de-selva y de los Dueños-de-animales es el desperdicio de las criaturas que ellos cuidan.

El ojo atento del abuelo va reconociendo otros productos que seguramente serán necesarios dentro de poco. Andan en eso cuando se oyen los ladridos de Jóniama, el perro del viejo. Es un ladrido particular, en un tono especialmente agudo. El animal había estado husmeando todo el tiempo en busca de alguna presa, y ahora la había levantado. Ambos, sin decir palabra y con un movimiento reflejo, se deshacen de sus tanchos, y machete en mano se lanzan al lugar de donde provienen los ladridos cada vez más frenéticos. De pronto Jóniama lanza un respingo lastimero que hace parar en seco al viejo, quien ordena:

—¡Para! Vamos con cuidado, no vaya a ser el tigre.

La confianza se renueva un tanto cuando el perro redobla sus ladridos. Por lo menos no está muerto; da la impresión de estar más vivo que nunca. Con cautela, los hombres se van arrimando.

—Late como encuevado —dice el viejo al percibir un cierto tono apagado en los furiosos ladridos. Y agrega—: A lo mejor encuevó una guara. Es lo que más persigue.

---

[14] *Mambeadero*: el sitio más sagrado de las malocas, donde en la noche tiene lugar la preparación de la coca. Desde allí el sabedor Dueño-de-maloca imparte sus enseñanzas.

A pesar de ir ya bien cargados, el par de recolectores no desdeñan apañar otros productos de ese inmenso "supermercado" que es la selva para los indígenas.

El ruido proviene de un tronco caído. La cola de Jóniama y sus cuartos traseros sobresalen de una hoquedad en la madera. El abuelo lo llama y el animal comienza a recular, pero lo hace con gran dificultad, pues seguramente el ducto se angosta y el cazador ya se encuentra como atorado. Jalándolo de las patas, ya fuera, nota que le escurre sangre de una herida en el labio inferior. Luego ordena al animal echarse justo frente a la entrada, lo que éste hace de inmediato. Mientras uno se ocupaba del animal, el otro revisa rápidamente el tronco hasta dar con la otra boca de la madriguera. Bien recuerda el Hombre que guaras y borugas siempre cuidan que sus nidos tengan salida y entrada disimuladas, y es así como logran escapar de muchos de sus enemigos. El Hombre llama al abuelo para que vigile esa boca, y con mucha celeridad procede a recortar media docena de palos que inmediatamente clavan en la tierra frente a las dos aberturas, formando una especie de rejas. Aflojada la tensión, recogen chamizas y hojarascas que colocan en la boca de entrada. A continuación el abuelo saca de su *matirí* una redecilla de cumare que asegura en dos de los tres palos laterales que taponan la salida, y luego retira el tercero. La trampa está armada. En seguida el hombre aplica fuego a las hojarascas y ventea el humo hacia adentro del hueco con unas hojas de platanillo. Entre tanto, el abuelo se arma con un madero a manera de garrote, y llamando a Jóniama lo retiene a su lado pasándole una cuerda por el cuello, y advierte:

—Se ha de tener cierto cuidado, pues se dice que cuando la boruga entra en su madriguera a veces se transforma en verrugoso, y bien sabes que de la mordedura de esta culebra casi nadie se salva.

De improviso, un animalejo sale disparado y se enreda en la red. Jóniama late y forcejea. El abuelo llama al Hombre y le pide que retenga al perro. Todo el alboroto es por una cría de guara. El viejo la deja pataleando en la red y comenta:

—Buena para criar. Los muchachos la podrán tener como mascota. —Y sonriendo agrega—: Bueno, Hombre. ¿Aún no caes en cuenta de una de las adivinanzas que te propusieron la otra noche? Te advierto que es de las más fáciles porque está llena de pistas. Te la voy a recordar:

En cuatro patas entro en el nido,
y cuando duermo soy como un moyo,
moyo sin agua,
lleno de sangre.

Ya cuando salgo voy de arrastrada
llevando el diente
curvo y potente.
¡Huyuy qué miedo!
Dice la gente.

Y luego de repetirla, y ante la cara de total ignorancia que presentaba el nieto, el viejo le empezó a dar puntadas de apoyo:

—Ten en cuenta que entre los indígenas de la Amazonia los moyos se fabrican utilizando una base redonda sobre la que se superponen unos largos rollos de arcilla blanda, con los que se va haciendo una espiral ascendente. Luego se alisan las paredes y se le va dando forma a la olla. ¿Un rollo largo y redondo no te dice nada?

Ante la incapacidad del Hombre, el viejo exclama.

—¡Carajo!, estamos hablando de animales. Entonces, ¡piensa! ¿Qué animal es redondo y largo?

—¡Pues la culebra, abuelo! Esa es la adivinanza. ¡Claro! La culebra tiene diente curvo y potente, y se arrastra.

Y el abuelo replica:

—¿Tú sí crees que la cosa es tan sencilla? Pues te digo que "la culebra" no es la clave de esta adivinanza, por la sencilla razón de que las culebras no tienen cuatro patas. Pero la culebra sí es una buena pista, sobre todo si es verrugosa.

—Me rindo, abuelo —dijo el Hombre, y el viejo contento respondió:

—Bueno. Enseñémosle al ignorante. La respuesta es "boruga". Se tiene la creencia de que cuando este animal entra en su nido, es como si entrara en otro mundo, como si atravesara una puerta y volviera al tiempo de los orígenes cuando los seres aún no estaban bien definidos. Por eso se puede convertir en otro animal. Y en cuanto a la verrugosa, aparece asociada al moyo en varias historias, como aquella que todavía recordabas, la de Iúrico: los lobos de agua lo mandan a cocinar pescado y le indican que el moyo está al pie de un árbol; cuando él va a coger el moyo lo que encuentra es una verrugosa enchipada.

Ahora fue el Hombre quien preguntó:

—Abuelo ¿usted de verdad cree que las borugas se transforman en verrugosas?

—Pues no mucho. El otro día vino por aquí un hombre llamado Federico; creo que su apellido es Medem; con él hablamos del asunto. Él decía que esa creencia podría haber nacido porque hay animales que se asocian para defenderse mejor. Él nombraba muchos casos y aquí nosotros conocemos otros tantos. Por ejemplo: el arrendajo hace sus nidos al lado de avisperos y de esa manera protege su nidada de los enemigos, y el cucarachero hace algo todavía más inteligente; rebusca cueros de culebras venenosas, de esos que ellas dejan por ahí cuando cambian de piel, y los coloca alrededor de sus nidos. Sus enemigos, al ver eso, sienten que por ahí puede estar esa culebra y no se atreven a arrimarse. A lo mejor la boruga tiene pacto con la verrugosa y lleguen a compartir la misma cueva. Claro que uno no sabe, de pronto es cierto lo de la transformación, pero sólo cuando interviene la brujería.

Antes de retomar los morrales, el abuelo dice al Hombre, señalando una gran palmera:

—Graba bien en tu memoria el sitio donde queda esta palma real. La vamos a necesitar en estos días para sacar la sal vegetal —y luego de pensar un momento, agrega en tono nostálgico—: lástima que tu padre haya muerto. Si por algo consentí en entregarle a tu madre, fue porque cuando él estuvo en la maloca dejándose conocer, nadie le ganaba en eso de armar los tejuelos de sal. Su abuelo era recordado como uno de los más grandes especialistas en esa tarea. Aún ahora me considero un niño recordando lo que ese viejo sabía. Lástima que eso no te tocó aprenderlo. No es cosa de muchachos.

Y así, entre charla y charla, arriban a la orilla del río. Apenas llegan al inmenso pedregal, el abuelo recuerda la pregunta del Hombre y dice:

—Me preguntaste sobre las figuras grabadas en las piedras. El conocimiento que te voy a dar es grueso; bien puede quedarse en ese canasto ralo que llevas en la espalda. Ya la gente que queda no recuerda mayor cosa; claro que muchos inventan, sobre todo para burlarse de los blancos que vienen preguntando por el significado de las figuras. Cada quien les dice una cosa distinta y ellos se la van creyendo, la escriben en sus cuadernos, luego las repiten en sus escuelas grandes y hasta publican libros. Alguna vez supe de un sabedor especialista en estos asuntos. Fue uno de los que mataron los caucheros cuando decretaron la muerte de todos los *nïmáirama y ráfuema*, por ser los que más se oponían a las tretas de los mercaderes. Llegaban canjeando herramientas por gente, y luego obligaban a muchos indígenas a recibir toda suerte de baratijas a un precio exorbitante, endeudándolos para toda la vida y haciendo que la deuda pasara de hijos a nietos. El pago se hacía con diversos trabajos, especialmente entregando caucho; sólo que por ello se reconocía un precio ínfimo. Ese viejo se opuso a tanto abuso y trató, como muchos otros, apoyándose en la tradición, de abrirle los ojos a la gente, pues la mayoría se dejaba deslumbrar por las nuevas mercancías. Por eso terminaron matándolo como a casi todos los que aconsejaban. ¡Qué no sabía ese hombre de los "dibujos" en las piedras!: largas historias, conjuros, de todo. Él pertenecía al clan de Gente-de-pintura.

Petroglifos localizados en el curso medio del río Caquetá (ver también págs. 110 y 111).

Quedaban ya muy pocos de esa tribu, y cuando murieron se acabó esa tradición. Cuando en mi infancia oí algo, me interesé especialmente pero mi padre dijo que esa carrera no nos tocaba, que no era la nuestra, que lo nuestro es *yadiko*. Era mejor no rebullir ese canasto de conocimiento ajeno. Si no teníamos capacidad para manejarlo, de pronto liberábamos sus fuerzas sin poder luego volver a recogerlas y a guardarlas y ellas quedarían por ahí haciendo daño.

El anciano detiene un momento su charla para retirar, con ayuda de un madero, la arena que cubre un grabado del que sólo se percibe un extremo. El Hombre aprovecha para preguntarle:

—Abuelo, ¿no hay manera de recuperar esas tradiciones perdidas?

—Pues mira —dijo el viejo—. Decir que se perdieron no es más que una manera de hablar para dejar de lado el asunto; pero la verdad es que eso más que perdido, está oculto. Claro que si alguien quiere recuperar un saber, siempre debe recurrir a la coca y al tabaco. Somos sus hijos, no lo olvides, y los padres enseñan a sus hijos. Por eso, si se invoca el espíritu de la coca y el tabaco, el saber va llegando, porque nos hace entrar en contacto con los ancestros. Es probable que el que se dedique en serio a mirar esos dibujos y a tratar de recordar lo que está escondido en las historias que todo el mundo sabe, reciba de nuestros ancestros, en los sueños o por medio de otras señales, la orientación necesaria. Pero yo no sé de ningún paisano que lo haya intentado, aunque el otro día el abuelo López de Peñas Negras me contó acerca de un profesor de Bogotá que anda en eso, preguntando las historias, sacando fotografías y calcando los muñecos. Y el propio abuelo López me dijo que lo había bautizado Jitoma Kuega ("Sol que escribe").

—Pero abuelo —dice el Hombre— ese nombre le queda grande a cualquiera, y mucho más a un blanco.

—Pues fue lo que le dije —replica el viejo—, que por ser nombre tan pesado tuviera su fracaso. Pero, al fin y al cabo, vaya uno a saber qué va a pasar. De pronto el tipo se cuaja y se hace fuerte para poder soportar semejante carga. Casos ha habido.

En medio de esta charla y barriendo la laja con un manojo de hojas, terminan de destapar el petroglifo. Ante sus ojos apareció una larga línea ondulada en cuyo extremo el artista ideó, mediante sobrios y elegantes trazos, una forma humana muy estilizada, en la que sólo aparecen los brazos y la cabeza redonda. Dijo el abuelo:

—A lo mejor este es el recuerdo de la historia de Díjoma, el Hombre del que salió la boa.

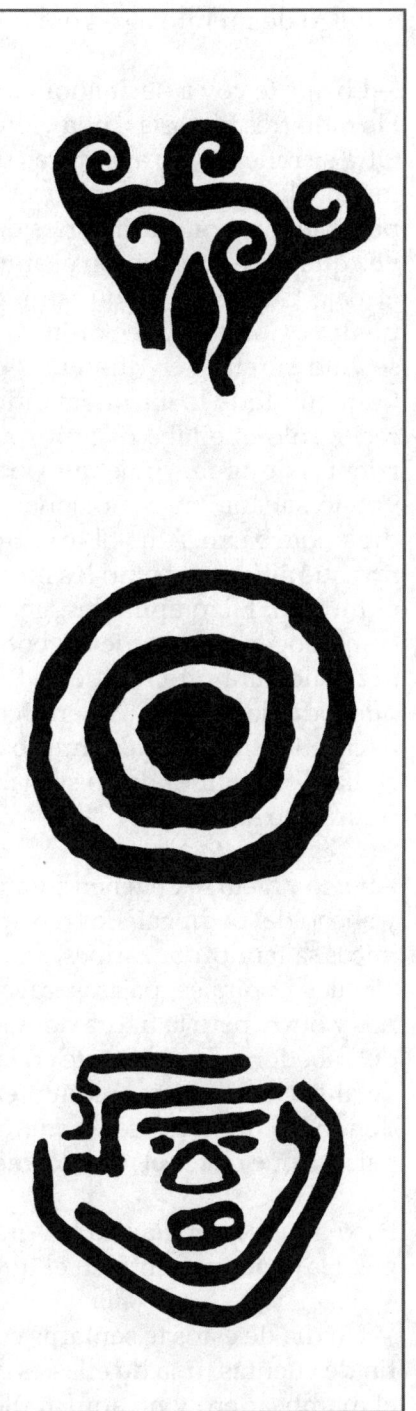

Y luego de un rato agregó:

—Lo que te voy a decir ahora todos lo saben y no es problema mentarlo. He oído tres historias, una viene con los *Jitoma jagaï* ("cuentos del Sol"). Otra se refiere a las aventuras de Jitoma y su hermano, el pícaro Kechatoma, y la última tiene que ver con los *nayenï*, una misteriosa gente que pobló los antiguos territorios de nuestra nación. La primera la oí alguna vez que me encontré con el abuelo Enókayï ("gente-de-mafafa-roja") en el Bajo Caquetá, donde también hay muchas figuras grabadas en las piedras. Contaba que Sol subía desde allá, que es a donde van los ríos, y se vino parando en diferentes puntos de las orillas del Amazonas y del Caquetá. Todo lo iba quemando con su fuego; casi toda la selva desapareció, sólo quedaba el cinturón verde en la orilla de las lagunas y corrientes de agua, y una que otra mata de monte en los bajíos. El resto se volvió sabana; meros pajonales. A las orillas de los ríos no había piedras; sólo barro. Ahí Sol se entretenía dibujando con su dedo. Esos diseños que allí creaba eran los modelos de los seres que luego iban a poblar el mundo. Hizo animales, gente y hasta vasijas; también dejó huecos, como pocitos, para que la gente, viendo en ellos la sombra o la no-sombra, calculara qué hora era. Recuerdo mucho que el abuelito contaba que todas las tardes, allá en Occidente, en la cresta de las cordilleras, Sol hacía su última parada, miraba la labor cumplida en esa jornada y procedía a calcinar el barro signado convirtiéndolo en piedra. Por eso las figuras no se borran.

Abuelo y nieto se detienen aquí y allá para mirar otros petroglifos a lo largo y ancho del pedregal. Los hay de muchas formas y tamaños: escorpiones, micos saltando, danzarines, rostros de las más diversas formas, serpientes, círculos, espirales, pájaros, rayas, lagartos, moyos-rostro, laberintos, manos y otros, pero la figura dominante es la del "hombre sentado", símbolo del sabedor, especialmente en las culturas amazónicas. Esta posición alude al hecho de tomar asiento en los bancos rituales, en el mambeadero, donde los hombres concurren noche a noche para celebrar el rito de la palabra que recrea el mundo, mentando los modelos de todo lo que existe.

Paso a paso, detallando los grabados, continúan recorriendo el pedregal. Hay un momento en el que el abuelo dice:

—Un día de estos te sentarás conmigo y te contaré las otras historias. Al fin de cuentas, una de ellas es delicada y me parece mejor recordarla en el mambeadero y no aquí, a plena luz del día.

Ahí Sol se entretenía dibujando con su dedo. Esos diseños que allí creaba eran los modelos de los seres que luego iban a poblar el mundo.

Por fin, llegan a la punta del pedregal donde comienza el caminito que repechando el barranco conduce a la maloca. Cuando entran, ésta hierve de actividad.

La mayoría de las mujeres no han ido hoy a sus chagras. Ante la proximidad de la fecha fijada para el baile, se deben acelerar los preparativos. Dedican la jornada a elaborar más fariña, remendar ropa, coser nuevos trajes, lavar las hamacas y fabricar algunos adornos que lucirán el día del festejo. Hay que mostrar suficiencia ante tantos invitados.

Descargados los tanchos, el abuelo procede a enseñar a su nieto a descascarar y rajar los bejucos de *yaré*. Luego continúa con los otros materiales. En eso emplean el resto del día. Ya de tarde el abuelo, su nieto aprendiz y el recién llegado van a la chagra cercana a recoger hojas de coca. El abuelo habla:

—Somos hijos de yuca, de coca y de tabaco, pero ellos a su vez se vuelven nuestros hijos, a quienes sembramos, cuidamos y consentimos para que crezcan lozanos. Hay que tratar muy bien a estas plantas. Con ellas todo ha de ser parsimonioso, armónico y sujeto a las más estrictas tradiciones. De no ser así, la inmensa fuerza que guardan se volverá contra nosotros y nos enfermará. La vida se nos volverá una permanente maldición. De la coca tomaremos hoja por hoja. Nada de arrancarlas precipitadamente y con descuido como lo hace la danta, que las deja caer y las pisotea. Cada una es como una palabra que tiene su cita precisa en la vida. Se deben desprender con gentileza e irlas depositando en canastos apropiados, como los que trajimos, que tienen trama apretada y no las deja escapar.

Y así, mientras sus nietos lo imitan, el abuelo cumple religiosamente su trabajo de recolección, y entre tanto, va deshojando las palabras buenas que narran la lección de la coca. Concluye haciendo la crítica implacable a todos aquellos que profanan esta planta convirtiendo en vicio el don más precioso de los dioses.

Al regresar a la maloca, el Hombre y su primo recogen hojas de yarumo. Al entrar, se inician los preparativos para el ritual diario de la preparación de la planta sagrada. El primo limpia uno de los budares[15] donde las mujeres tostaron la fariña. Enciende el fuego y va calentando el tiesto con ramazones. Vacía las tres canastadas de hojas sobre él y las comienza a remover, tostándolas rítmicamente hasta el punto de quiebre.

—Mira bien —dice el abuelo al Hombre—, las hojas de la coca son como las páginas de un libro; nosotros las pasamos y repasamos al tostarlas y es como si las fuéramos leyendo. Es el libro de la vida. Él nos va dando sabiduría que es conocimiento, paciencia y visión precisa para hacer las cosas oportunamente. Estas palabras hay que saberlas guardar. Por esto hoy empezamos a trabajar los canastos. Los hombres somos canastos. Nos llenamos y nos vaciamos. A lo largo de la vida vamos tejiendo el nuestro, y según su trama vamos depositando en él cosas comunes o especiales. Nuestro cuerpo-canasto, nuestro corazón-canasto. De niños nuestro tejido es ralo; de viejos aprendemos el de trama apretada, la que nada deja escapar; lo esencial queda retenido y lo esencial siempre es algo muy delgado. Pero en el fondo saber no es nada: es estar contento con uno mismo. Saber es trabajar bien. El trabajo es la única fuente de sabiduría.

A continuación el abuelo, para dar mayor fuerza a sus palabras, inicia el relato donde Áñïraima, el Demiurgo, hijo de la Pareja Primordial, guiado por el Padre, acometió la construcción de los canastos hasta que dio con aquél cuya trama podía contenerlo todo. De tanto en tanto el viejo hace un alto en el relato, y explica con sumo detalle los significados.

Todos los problemas que iba teniendo Áñïraima en su proceso de aprendizaje, sus dolores, sus enfermedades, los convertía en cosas útiles. Él comenzó igual que las palmeras jóvenes llenas de bejucos que atenazan su desarrollo. Él se sacude esa mugre y la transforma en algo necesario para el hombre: los bejucos que servirán para confeccionar utensilios. En esos bejucos quedó contenida la fuerza que hacía daño, que era enfermedad. Luego, más adelante, Áñïraima convierte muchos de sus percances en canastos, porque el aprendizaje de las palabras es duro, trae dificultades que se manifiestan como dolencias. Pero ellas son dominadas y guardadas en los cestos. Ellos son continente y contenido. Igual que nosotros, los hombres. Sí, somos canastos. Por esto nos sentamos así, en bancos pequeños aquí en el mambeadero y hacemos un círculo con nuestros

---

[15] *Budare:* gran tiesto de cerámica donde se tuestan la harina de yuca, las tortas de casabe y las hojas de coca.

brazos sujetando con las manos entrelazadas las rodillas. Nuestros brazos son la boca del canasto que se va llenando con las palabras, con **rafue,** *la palabra poderosa que da vida. Y yo voy vaciando en ti el contenido de mi canasto repleto hasta los bordes. Y es aquí donde ocurre el misterio del saber: cuanto más entregamos, más atesoramos, más sabemos. Sin embargo, llegará un día, ineludible, en el que la trama de mi canasto se deshaga, pero quedará el de mi aprendiz, repleto ya si ha sabido guardar las exigentes normas que rigen la vida de los sabedores, y yo me iré a habitar para siempre el* **Nïmairaiko,** *la gran maloca del silencio en donde los abuelos muertos hablan de sus bellas cosas con gestos puros. Estaré tranquilo porque alguien quedará con las palabras que continuarán orientando a mi gente en el buen vivir.*

Terminado el relato, que no fue muy largo pues sólo se trataba de dar un ejemplo puntual requerido por las circunstancias, y no de transmitir una escala completa de la tradición, el viejo hace una pausa para probar la coca recién preparada. Tostadas las hojas, se pilan en un mortero de madera donde se golpean hasta pulverizarlas con una pesada barra de granadillo, la durísima madera con la que también se confecciona alguno de los postes centrales de la maloca. Luego se queman las hojas del yarumo, y sus cenizas se revuelven con el polvo de coca recién pilada. La mezcla se deposita en una talega desde donde se cierne dentro de una olla de barro de boca angosta, para impedir que el volátil polvo escape y sea, en lugar de comida de la gente, fiambre de los espíritus viajeros. Una vez cernida, la coca estará lista para su consumo por vía oral. La coca no se inhala. La coca se come. Es alimento y también estimulante. Con ella los hombres espantan la modorra que ronda como un enemigo del saber, acicatean el recuerdo y sienten que comparten el ámbito iluminado del sentir común.

El abuelo, retomando el hilo de la palabra, dice:

—Ahora sí ha llegado el nieto perdido. Mañana tomará el vomitivo para hacer su limpieza, y después hará su dieta: sólo podrá ingerir alimentos ligeros. Dentro de dos días le daremos la primera coca y el primer tabaco, luego de rasparle la lengua. Mañana él también iniciará la hechura de los canastos. Mientras los teje se irá haciendo él mismo como hombre verdadero: el que sabe contener para poder dar cuando la vida lo exija. Y ahora sigamos con lo que traemos entre manos. He sabido que la caza fue buena. Mi solicitud fue atendida. Dos venados les pedí a las Fuerzas y dos venados han traído ustedes. ¿Quién me da detalles? ¿Qué *rafue* me traen?

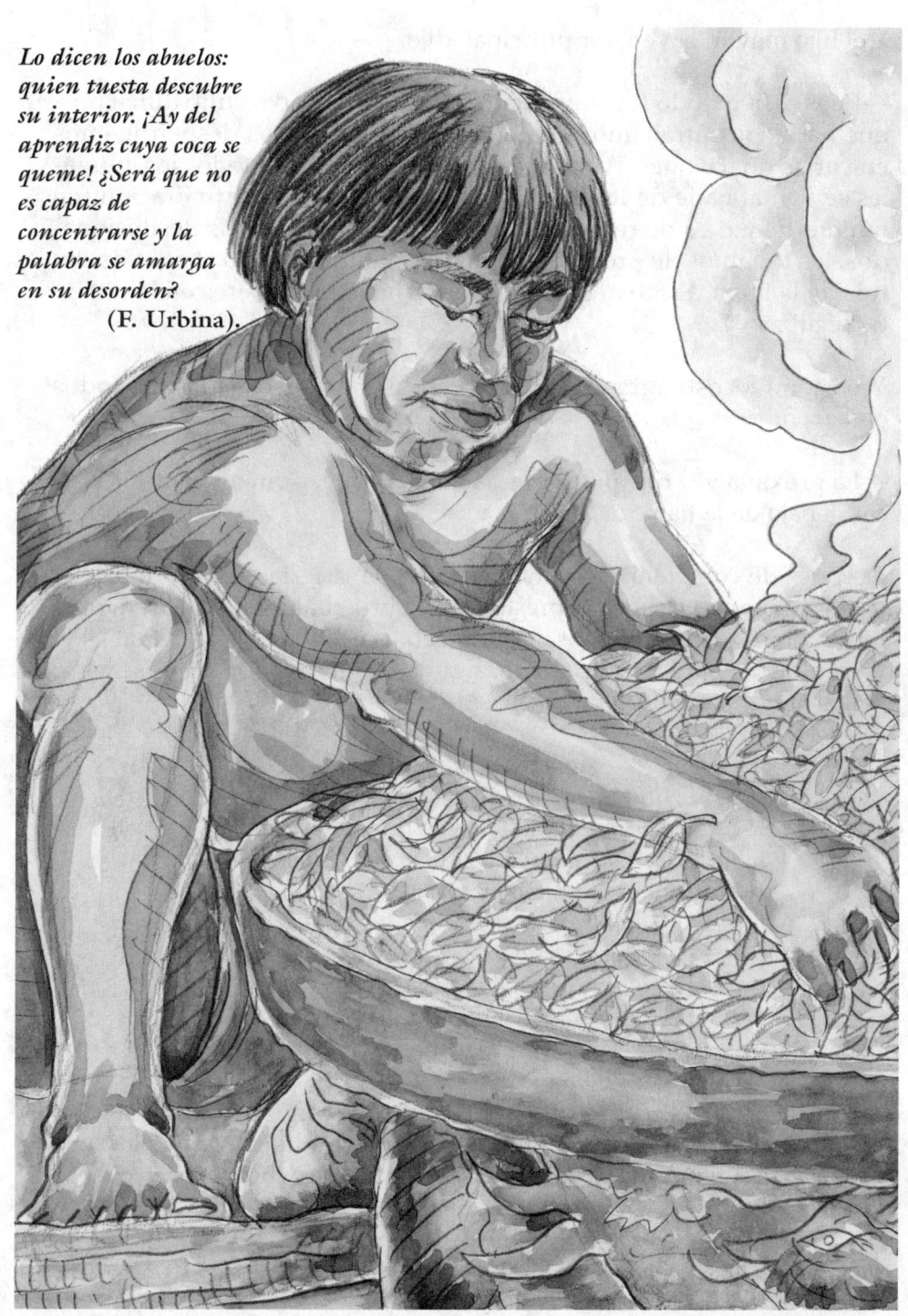

Lo dicen los abuelos: quien tuesta descubre su interior. ¡Ay del aprendiz cuya coca se queme! ¿Será que no es capaz de concentrarse y la palabra se amarga en su desorden?
(F. Urbina).

Y el hijo mayor, el venator principal, dijo:

—Pues al final todo fue muy fácil. Pero al comienzo resultó difícil porque nada encontrábamos, aunque los cazadores nos desperdigamos en varias direcciones. Parecía época de friaje cuando todos los animales se van al baile de Royima ("Dueño-del-frío"); pero tu oración fue tan fuerte que ya de regreso, cuando nos sentíamos más desilusionados, los topamos de pronto, aquí no más, junticos, en la chagra de detrás de la loma. Estaban quietos, blanco fácil, prisioneros en la red de tu hechizo.

Y en tono jocoso agregó, soltando una sonora carcajada que todos corearon:

—La próxima vez que pidas presas para el baile, primero vamos a buscar debajo de la hamaca.

Después de comentar otros incidentes de la cacería —siempre bajo el examen atento del sabedor presto a descubrir cualquier señal rara para interpretarla correctamente y así no echar a pique el gran ritual—, el viejo pide oír, para autorizar o no, algunas de las canciones que se van a bailar próximamente. Una de ellas dice:

> *Águila del Inframundo.*
> *Allí abajo está el Padre Uiïyï Buinaima*
> *invocado por nosotros desde el comienzo.*
> *Su primera morada es la maloca uiïyïiko.*
> *En su interior están los postes de la abundancia*
> *y en medio de ellos están los troncos.*
> *Encima del tronco del yadiko está la mascota,*
> *el águila de la abundancia, con su canto.*
> *Este canto lo imitamos aquí arriba,*
> *entre la gente...*[16]

A continuación, el abuelo procede a contar un largo mito. Éste sí completo, de cuando el Padre Buinaima instauró los bailes principales. Su recitación es un recordatorio de los aspectos que se deben tener en cuenta.

---

[16] Tomado de: KONRAD, Theodor Preuss, *Religión y mitología de los uitotos*, Universidad Nacional de Colombia, Bogotá, 1994.

Sobre todo estar muy atentos a los brotes de desorden que pudieran presentarse. Insiste mucho y da varias explicaciones porque su palabra viene esta noche por el camino del *rafue* —que está lleno de enseñanzas y consejos— y no viene por *jagaï* —cuando se cuenta la historia sin ninguna interrupción. Estos son algunos fragmentos:

Los cuzumbos llegaron al baile organizado por Buinaima, baile de restauración de humanidad. Ellos eran los enviados de Dueña-de-los-sapos-venenosos, quien estaba resuelta a continuar saboteando la obra reculturalizadora de Buinaima después del diluvio de agua hirviente. Ellos llegaron cantando maluco, en forma desordenada, nombrando la selva. Así era su canto:

*Nosotros venimos
del corazón de la selva,
venimos a bailar y a cantar.
Venga a recibirnos.
Venga a vernos.*

Su canción y su baile eran bien distintos de los que trajeron los buenos. Estos lo habían hecho así:

*De abajo,
junto al árbol cortado,
venimos cantando.
Venga a ver qué bonito estamos llegando.
Venga a ver.*

Sí, los buenos cantaron nombrando los árboles talados que es donde están los huertos de los hombres. Por esto Buinaima pilló a los malos al oír su canto. Supo que eran animales disfrazados de gente. Los expulsó del baile y les puso de colas los bastones anillados que traían para marcar el compás de su danza. Así quedaron para siempre, bien señalados.

Avanza la noche. El Hombre, quien no mambeará coca sino hasta dentro de dos días, cabecea. Tanta cosa en una sola jornada resulta agotador. El abuelo, satisfecho por los esfuerzos del nieto, lo hace despabilar y le dice que ya puede retirarse, que se vaya a bañar y que duerma, pues al otro día y en los que siguen le esperan grandes cosas. Tan pronto el nieto se retira, comunica a los otros que va a incluir al recién llegado en la ceremonia de postura de nombres que tendrá lugar en el baile que se aproxima, y por tanto, habrá que estar pendiente de las señales que se presenten para ver qué nombre se le ha de asignar.

El Hombre, luego del baño en la quebrada, se tiende en su chinchorro, cerca de la madre, quien de cuando en cuando agrega un madero más al fogón, la "cobija de antigua", para que quienes duermen en torno no sientan frío.

Con todos pensando tan bien de él, duerme tranquilo; las pesadillas pasan de largo nuevamente, aunque sabe que le esperan duras pruebas: la dieta y el ritual del vómito, y, al otro día, dejarse picar la punta de la lengua por una hormiga conga, hasta hacerla sangrar, raspar el sarro del centro con una corteza cortante, y limar los lados con una hoja áspera. Es la manera de recuperar el gusto pleno por los alimentos vernáculos y de dejar atrás todo lo falso, todas las maledicencias, todas las palabras vanas. Todo esto, sangre y cosas, irán a parar a un hueco abierto en un sitio gredoso, en la orilla de la quebrada, donde no pueda llegar a manosearlos ni hormiga, ni avispa. Ya, luego de enjuagarse la boca en la quebrada, podrá por fin probar por primera vez la coca y el tabaco líquido revuelto con sal vegetal, ese que se chupa, alimentos rituales que lo habrán de acompañar para siempre, ahora que comienza su vida de verdadero hombre.

Prefacio

En términos generales, los grupos amerindios que habitaban, y habitan, lo que hoy es la República de Chile, reciben el nombre de araucanos o mapuches. La aplicación tan homogénea del término puede deberse a su unidad lingüística. El mapudungun era el idioma utilizado desde el norte del país hasta la isla de Chiloé, aunque es necesario anotar que el territorio correspondiente hoy a las siete primeras regiones del país, desde Tarapacá hasta el Maule, en etapas precoloniales se encontraba dominado por el imperio incaico, hablantes de lengua quechua.

Sin embargo, los cronistas sostienen que los nativos de la zona poseían denominaciones según su lugar de asentamiento; los mapuches propiamente dichos estaban ubicados entre los ríos Itata y Toltén; los huilliches se encontraban entre este último y Chiloé; y los picunches al norte del río Itata.

Los mapuches son "gente de la tierra", ese es el origen etimológico de su denominación. La actividad agrícola era su base económica; dentro de los grandes espacios boscosos abrían claros donde cultivaban maíz, papa, maní, entre otros productos, y los alternaban con la recolección del fruto del árbol de la araucaria, que toma su nombre por ser originario de estas tierras. Practicaban la caza y el pastoreo con rebaños de camélidos, como las llamas, vicuñas y guanacos.

Si bien la alfarería y el trabajo con los metales no alcanzaban los grados de complejidad de otros pueblos indígenas de América, la utilización de la madera y las técnicas relacionadas con el tejido eran satisfactorias para cubrir sus necesidades. La lana de los camélidos proporcionaba la materia prima para la elaboración de mantas y vestiduras.

Además, este pueblo fue el más aguerrido y batallador ante el proceso de conquista europea. Su valentía fue descrita magistralmente por Alonso de Ercilla en su obra *La Araucana*. Verdadera epopeya en donde nombres como Lautaro y Caupolicán se convierten en ejemplos de resistencia a los invasores y reivindicación de lo propio. Legado que, a pesar de dificultades, prejuicios y segregación, mantienen los mapuches de comienzos del siglo XXI.

No hay sol, el azul del cielo empieza a presentir los colores ocre y rosa, anunciadores del ocaso, las ramas de los árboles apenas si hablan cuando el viento las mueve, y las aguas del lago se encuentran tranquilas, inmutables, como ignorando la trascendencia de los sucesos que han venido ocurriendo en estas tierras desde hace algunos años. Así era el atardecer en la Araucanía, la gloriosa tierra de los mapuches.

El hermoso cuadro natural fue interrumpido por los pasos de un niño ya próximo a la adolescencia, que sigilosamente se acercaba a uno de sus compañeros, escondido tras un árbol de luma.

—Te encontré, amigo.

—¡Oh, no!, casi lo logro.

Manquián había encontrado a todos sus compañeros; jugaban al *elikankatun* (tal era el nombre para el juego de las escondidas).

—Es hora de volver a casa, Huillín.

—Es cierto, creo que los otros ya han regresado. Va a caer la noche.

Tipología actual de una vivienda mapuche.

Los muchachos vivían en una aldea que tenía alrededor de 50 *rucas* ("viviendas").

Dicha aldea o grupo familiar extendido, llamado *rehue*,[1] estaba ligado a otros cercanos con los cuales formaban una *aillarehue* ("tribu").

Las *rucas*, por lo general, eran de forma circular, aunque algunas eran rectangulares. Al llegar a su hogar, Manquián se despide de Huillín. Eran familiares lejanos, y muy buenos amigos.

—No has llegado para comer con tu padre —reprochó su madre.

—Jugábamos a las escondidas y me retrasé, lo siento.

---

[1] La aldea se encontraba en la orilla del lago que los españoles llamarían Villarrica, donde actualmente es la IX Región de la Araucanía, República de Chile.

—Tu padre ha salido a ver al *lonco*,[2] así que debes comer con tu hermana y conmigo.

La costumbre obligaba a que los hombres comieran primero y después las mujeres. La cena consistía en algunas papas asadas, un trozo de carne de venado y algunos pewén (los piñones del árbol de la araucaria).

Había ansiedad en la aldea, pues al día siguiente se realizaría una ceremonia de *ngillatun*, ritual de gran importancia. A pesar de no estar en invierno las lluvias habían arreciado últimamente, así que el ritual se haría para pedir a los espíritus que calmaran el agua, ya que ésta provocaba inundaciones y pérdida de las cosechas. La ceremonia comenzaría en la tarde del día siguiente.

Esa noche, Manquián pensó que dormiría plácidamente. Soñaba con el lago y veía a sus compañeros jugar y reír, pero, luego, vio que se aproximaban hombres de vestidos de metal arrasando su aldea; sentía rabia y quería luchar, pero sus fuerzas no se lo permitían. La impotencia de las circunstancias lo despertó; aún no amanecía y debía dormir un poco más.

Los araucanos comían y dormían sobre el piso, usando mantas tejidas por las manos expertas de las mujeres; el telar ocupaba un lugar especial en la *ruca*. La hermana menor del muchacho aprendía de su madre los secretos del tejido, y además, la manera de fabricar canastos con la fibra del junco o cáñamo que se podía encontrar en las orillas del lago.

A la mañana siguiente Manquián acompañó a sus padres a revisar los huertos comunales, algunos sembrados de maíz y papa. La madre del joven se propuso sacar de la tierra algunas papas que según predijo, ya estaban listas para ser consumidas. Para ello, usó una barreta de madera que hundía en la tierra; luego la retiró con una pala hecha del árbol de luma y finalmente sacó los tubérculos.

Entre tanto, padre e hijo decidieron salir a cazar y recoger pewén. Los mapuches eran muy buenos con la honda, el arco y la flecha, y excelentes con la lanza. Manquián siempre recordaría aquella ocasión en que

---

[2] *Lonco:* jefe del *rehue*.

Mapuches practicando el uso de las boleadoras.

cazaron patos salvajes con algunos familiares: se acercaron a ellos camuflados detrás de varias calabazas que colocaron entre los juncos. Una de las aves, al advertir el peligro, emprendió el vuelo asustando a las demás; la única que no se salvó fue la que logró capturar Manquián, que desde ese día, a pesar de su juventud, fue respetado como un gran cazador de patos.

Los guanacos[3] estaban escasos y tampoco se habían visto muchos venados, así que al mediodía padre e hijo sólo llegaron con una provisión de perdices. Debieron regresar pronto, pues en la tarde se haría la ceremonia y todos debían disponer sus espíritus y pintar sus rostros para la ocasión.

Cuando llegó la hora, todos los de la aldea, incluidos algunos visitantes, se reunieron en la cancha de chueca, el rudo deporte araucano. Allí estaba dispuesta una escalerilla de madera llamada *rewe*, adornada con ramas de canela, el árbol de las hechiceras machi, encargadas

---

[3] *Guanaco*: mamífero cuadrúpedo perteneciente a la familia de las llamas y las alpacas.

de los rituales mapuches. Si bien algunos hombres podían ejercer también esa función, se tenía más confianza en las mujeres, porque eran intermediarias entre lo humano y lo intangible, conocían las manifestaciones de los espíritus e interpretaban los designios. De igual manera, oficiaban como curanderas y libraban de maleficios, actividad muy importante si se tiene en cuenta que la sociedad araucana era muy supersticiosa.

El ritual del *ngillatun* tenía origen mitológico, pues en el tiempo primordial se desgajó un diluvio incontenible, donde sólo salvaron su vida los que quedaron en la cima de un cerro de tres picos que tenía la capacidad de flotar. Dichos sobrevivientes fueron el origen de la raza mapuche. Kai-kai y Tren-tren, dos seres sobrenaturales, pugnaban, uno por subir el nivel de las aguas y el otro por bajarlas. Los primeros araucanos debieron hacer un sacrificio humano para salvarse, y ese fue el origen del *ngillatun*, ceremonia que también servía para aplacar las lluvias exageradas, como en esta ocasión. Además, ya no existía la necesidad de ofrecer una vida humana.

Mujeres mapuche llevando a cabo un ritual de curación.

El *lonco* fungía como "dueño de la fiesta", y todas las personas colaboraban desde días antes trayendo comida y bebida. La familia de Manquián había preparado varias jarras de chicha de maíz, además, traía carne de venado.

La *machi*, al arribar, llamó la atención de todos: sus largos cabellos estaban desarreglados, llevaba el rostro completamente pintado de tonos oscuros, los cuales hacían juego con sus vestimentas, de su hombro colgaba un *kultrung* ("tambor") y en su mano derecha llevaba un *wada* (sonajero hecho a partir de una calabaza seca).

Al iniciar el ritual la *machi* golpeaba su tambor acompañada de los *püfülkatufe* ("flautistas") y de la gente del pueblo que hacía sonar cascabeles. La hechicera se encontraba sobre el *rewe* mientras dos jóvenes con máscaras danzaban a su alrededor. Varios hombres de la tribu portaban banderas blancas (si estuvieran pidiendo lluvias serían de color negro). Todos, sin excepción, llevaban sus bastones para jugar chueca, los cuales chocaban estrepitosamente induciendo a la *machi* a un estado de trance. Sus palabras no podían ser comprendidas, pero para traducirlas a la gente se encontraba el *dungumachife* ("intérprete"), que apenas lograba discernir lo que decía la hechicera.

—Gentes de la aldea, Ngünechen[4] agradece sus ofrendas, está dichoso de sentir a su pueblo aquí.

Por más que el intérprete se esforzaba, no acertaba a afirmar algo más de lo que ella decía . Manquián la observaba con intensa curiosidad; la *machi* estaba casi arrojada sobre el *rewe*, dos de los flautistas dispusieron una manta por si ella se caía; así pasó un buen rato. Luego, el "dueño del baile" señaló el final de la jornada: en esta primera noche no se ofrecería un banquete sino una comida sencilla. Cuando la *machi* se recuperó de su estado, le ofrecieron algo de chicha de maíz y se retiró a descansar, pues al día siguiente debía continuar.

Así ocurrió: llegaron invitados de otras aldeas que deseaban sumarse a la ceremonia, trayendo presentes en comida y bebida. La jornada se inició de manera similar a la del día anterior, pero en esta ocasión el *dun-*

---

[4] *Ngünechen*: espíritu divino.

... haz que nuestros hijos disfruten de lo que ofrece la tierra. Haz que paren las lluvias, haz que reine el equilibrio.

Los primeros caballos de los mapuches fueron obtenidos en las batallas contra los españoles. Pronto se convertirían en el mejor aliado de estos valerosos guerreros.

🙦🙦🙦🙦

gumachife logró comprender mejor lo que la *machi* decía en pleno trance: era una rogativa.

—Estamos arrodillados ante ti, Ngünechen. Si te hemos fallado perdónanos, pero haz que nuestros hijos disfruten de lo que ofrece la tierra. Haz que paren las lluvias, haz que reine el equilibrio, para que el clima no sea un tormento como tormento son los hombres vestidos de metal, para que nuestros pequeños tengan carne y vegetales. Nos arrodillaremos cuantas veces sea necesario. Que nunca sufran nuestros congéneres por falta de alimento.

Luego, la hechicera bajó del *rewe* tocando sus instrumentos, encabezando un grupo de danzantes que bailaba al ritmo de la música. Manquián se unió a ellos, lleno de emoción al igual que su pueblo. Después de varias horas de danza algunos hombres tomaron sus caballos y dieron vueltas a galope lanzando alaridos.

Los caballos habían llegado recientemente a sus vidas, como también ocurrió con el pueblo sioux de América del Norte. Los mapuches encontraron en dicho animal un gran aliado, un compañero perfecto para guerreros astutos y valerosos como ellos. Los primeros que tuvieron les fueron arrebatados a los conquistadores en los frecuentes encuentros bélicos que sostuvieron.

La ceremonia se alargó durante una noche y un día más. Al finalizar todos se reunieron muy contentos a comer, disfrutando de la chicha de maíz y de manzana. El *ngillatun* era una gran oportunidad para reafirmar los lazos de hermandad y cohesión entre los mapuches; era además, la oportunidad perfecta para que los muchachos y las muchachas se conocieran y sus primeros acercamientos tuvieran un encuentro feliz, pues el ambiente festivo daba lugar para ello. Como en todas partes, no faltaba el par de animosos borrachines que, incitados por el licor, deseaban zanjar alguna diferencia a golpes, pero la situación no pasaba a mayores gracias a la intervención del *lonco*.

Los días siguientes a la celebración del ritual fueron tranquilos, la comida era suficiente y no se veían indicios de que los conquistadores hicieran alguna de sus arremetidas; igualmente, en el ánimo de los guerreros por el momento no había la intención de ejecutar algún *malón*[5]. Las rogativas de la *machi* dieron resultado. Ngünechen había retirado las lluvias.

Una mañana, Manquián, y su amigo Huillín jugaban al *armakuden*, tomando en sus manos habas pintadas por un solo lado, que arrojaban sobre una manta. Luego contaban cuántas quedaban con el color hacia arriba: eran una especie de dados.

—Manquián, con estas cinco completo cincuenta marcas y, por lo tanto, debo tomar el quinto palito de madera.

Cada decena era contada tomando un palito, y al tener diez el juego terminaba.

---

[5] *Malón*: ataque sorpresivo característico del modo mapuche de pelear. La existencia de un botín atractivo era la motivación inicial. Posteriormente, los malones se adoptaron como tácticas de guerra contra los españoles.

—Debes haber invocado a algún espíritu en tu favor, Huillín. Yo sólo completo dos palitos y las habas no están conmigo.

—Recuerda que hemos apostado diez pewén.

En esos momentos pasó corriendo Dullín, que hacía de voceador de las disposiciones del *lonco*.

—Nuestro gran jefe de clan llamará hoy mismo a los vecinos de la aldea ribereña para un fabuloso encuentro de chueca. Se ruega a nuestros atletas estar preparados, y a la gente que disponga todo para atender y homenajear a los visitantes. El encuentro será dentro de tres amaneceres y se llevará a cabo en nuestro campo. Debemos agradecer a Ngünechen el haber aplacado las lluvias y lo haremos demostrando nuestras capacidades deportivas.

Dullín, cuyo nombre quiere decir "abeja", partió en seguida para avisar a los mapuches de la aldea ribereña acerca de la invitación del *lonco*.

A las pocas horas los muchachos encontraron a Tromü, el mejor jugador de chueca de la aldea, que practicaba con algunos palos o bastones de juego para escoger cuál utilizaría en el encuentro.

La chueca era un juego similar al *hockey*[6]: el bastón tenía la punta doblada para golpear el *pali* (nombre de la pelota); era un juego rudo y requería de un buen estado físico.

—¿Estás practicando ya, Tromü?

—Sí amigos, estoy escogiendo el mejor bastón para hacer un buen juego.

—¿Vas a apostar algo esta vez? —preguntó Manquián.

—Sí pequeño, apostaré un venado entero con el capitán del equipo de la aldea ribereña. Creo que tendré que hacer un buen esfuerzo para ganar.

—¿Y sabes qué apostará la comunidad? —inquirió curioso Huillín.

---

[6] Los sioux y otros grupos de América del Norte practicaban un juego parecido, la vilorta. Sólo que ellos utilizaban una pelota de cuero y los araucanos una de madera.

—No estoy seguro —contestó el deportista—, pero debe ser algo bueno, pues los ribereños y nosotros somos los mejores jugadores de toda la región.

Los muchachos fueron a sus casas; los días anteriores al juego serían de mucha expectación. Manquián esperaría con impaciencia hasta presenciar la partida, mientras tanto, debía colaborar con la comunidad para tenerlo todo listo.

EL GRAN JUEGO

El amanecer del día del juego encontró a Manquián y a los de su aldea llevando la chicha, los vegetales y la carne que se degustarían después del encuentro. El *lonco* de la aldea oficiaría ahora como "dueño del juego". El equipo visitante tomó su lugar y a los pocos minutos llegaron los encabezados por Tromü: su responsabilidad era grande, pues debían hacer respetar su condición de locales.

En el centro del campo, el "dueño del juego" pronunció algunas palabras:

—Estamos aquí reunidos para medir fuerzas con los hermanos ribereños. Esta debe ser la ocasión para agradecer a Ngünechen que haya calmado las lluvias. Él es nuestro protector, juguemos en su honor. Además, mi aldea apuesta veinte mantas de lana de llama y diez jarras de chicha de maíz acompañadas de dos más de manzana. Es hora de probar a nuestros atletas: ¡Que comience el juego!

Los ocho jugadores de ambos bandos se alinearon uno frente al otro. Jugaban sin ropa de la cintura para arriba. Los dos *dungülfe* ("capitanes") dieron un paso adelante: entre ellos se encontraba la pelota puesta en un orificio en toda la mitad de la cancha. A la orden del "dueño del juego", los deportistas utilizaron sus bastones para sacar la pelota y dirigirla hacia su lado izquierdo. Al contacto del palo con la esfera los demás compañeros acudían a ayudar a su *dungülfe*. Para hacer una anotación todos debían llevar la *pali* hacia los postes, colocados a la izquierda de cada equipo; los primeros en lograrlo fueron los ribereños. Cada anotación era reseñada con una raya en el piso que hacía el marcador oficial.

La pelota se volvió a poner en el hueco. Tromü y sus compañeros tenían ahora la presión del público, que no estaba contento con el resultado parcial. Pero esta presión se convirtió en desespero cuando el capitán de los visitantes avanzó raudo, esquivando a sus rivales en dirección a los postes, lo que significaría otra anotación; ya tenían dos y sólo precisaban de igual número para salir victoriosos del compromiso.

Manquián estaba decepcionado porque a los guerreros de la aldea, unos excelentes jugadores, ni el valor de las apuestas podía motivarles. ¡No podía ser!

Como reza la costumbre, los equipos cambiaron de lado a la segunda anotación. Los integrantes del conjunto local decidieron cambiar fuerza por táctica y así fue como obtuvieron un valioso punto. Esto era significativo, pues al obtener ellos una anotación se restaban las dos que poseía el equipo contrario.

Pero infortunadamente, luego de obtener su segunda raya, los locales vieron cómo sus contrincantes anotaban, borrando de esa forma sus respectivos dos puntos. El partido sería reñido y su conclusión larga, la que sólo se dio cuando el sol empezaba a abandonar la bóveda celeste descendiendo en el poniente. Por fortuna para la aldea, Tromü y sus compañeros lograron un cuatro a cero, aunque necesitaron de todo el día para lograrlo.

El banquete era el anhelado premio para los extenuados jugadores. Además los visitantes pagaron la apuesta: el capitán local tendría un excelente venado, cuya carne compartiría más adelante con los otros miembros de su clan, cuando celebrara su matrimonio.

En la noche la chicha fue como siempre la gran compañera, aunque muchos de los jugadores no alcanzaron a degustarla porque ya estaban dormidos. Los eventos deportivos eran manifestación de unión y solidaridad entre las comunidades araucanas.

ENFERMEDAD, MATRIMONIO Y MUERTE

Al día siguiente Manquián y sus amigos charlaban sin parar, recordando el gran juego de chueca. Sin embargo, otro tema empezaba a causarles curiosidad: ya se rumoraba que el fuerte *dungülfe*, el joven guerrero Tromü, traería una esposa y abandonaría la soltería.

Los integrantes del conjunto local decidieron cambiar fuerza por táctica.

La escogida vivía en una aldea a orillas del lago Caburgua, no muy lejos del lago junto al que habitaba el novio. Temprano en la mañana, el guerrero montó en su caballo y dijo a los que estaban cerca:

—Raptaré a mi novia y volveré al anochecer con ella.

Recibió voces de aliento y partió hacia la comunidad donde ella habitaba. El valiente vestía un chamal nuevo, esto es, una especie de manta que caía hasta sus pies, pero cruzada entre las piernas y amarrada a la cintura. También llevaba una casaca de lana de llama hecha para la ocasión, y en su frente se veía una banda con algunas plumas, señal de su condición de guerrero. La vestimenta rutinaria de un mapuche no era muy diferente. En ocasiones se usaba un poncho; el hábito de trenzar el chamal entre las piernas dio origen al *chiripá*, especie de pantalón que posteriormente caracterizaría a los gauchos de las pampas.

Las mujeres gustaban mucho de adornarse y confeccionar su vestuario. Por lo general, usaban un chamal sostenido desde sus hombros a manera de vestido que llegaba hasta los tobillos, y que combinaban con una *iculla* (especie de manto) que caía sobre la espalda, sujetada con un topo o prendedor (como lo hacían las mujeres incas). Era común que usaran anillos, colgantes, pulseras y tobilleras.

Al ver alejarse al guerrero en su caballo, Huillín preguntó a su amigo:

—¿Tú crees, Manquián, que el rapto que va a ejecutar Tromü haya sido concertado?

—Creo que sí, él es un gran guerrero y no tan impulsivo como para raptar a su novia sin el consentimiento de sus padres. Recuerda que alguna vez la machi Chiwai nos dijo que el rapto de esposa sin permiso era para aquellos hombres bajos que sólo quieren hacerse notar innecesariamente. Nuestro capitán de chueca no es así, y estoy seguro de que ya pactó con sus suegros el precio de la dote.

—¡Habrá fiesta entonces! —afirmó Huillín.

—Claro que sí, amigo. Justo al marcharse Tromü, las aves que pasaban han volado en dirección al lago en cuyas orillas vive la novia. Ese indicio es claro: nuestro guerrero será hombre casado.

—Ya que mencionaste a la machi Chiwai, ¿por qué no vamos a verla?

Raptaré a mi novia y volveré al anochecer con ella.

—Está bien Huillín, me gustaría preguntarle varias cosas.

Los muchachos se encaminaron por un sendero boscoso que pronto abandonó la orilla del lago. Luego de un rato de camino llegaron a una especie de cueva; allí estaba Chiwai esperándolos.

—Pero machi, ¿cómo has sabido que vendríamos?

—Los espíritus me lo han contado. Por suerte no he tenido que salir a visitar a ningún enfermo y así pude estar pendiente de su llegada. Pasen.

En el hogar de la machi siempre había una hoguera encendida. A Manquián le causaba gran interés la cabeza de puma que la hechicera tenía colgada a manera de reliquia. Por todas partes se veían hierbas, polvo de cortezas, plumas, huesos de peces, partes de animales y mil cosas más que servían a la curandera, tanto para sanar como para fines mágicos.

—Machi, ¿nos vas a contar alguna de tus últimas proezas curativas?

—Bueno. Pero siéntense. Algunos amaneceres antes de realizar el *ngillatun* en la aldea, llegó a temprana hora un joven guerrero de una de las comunidades cercanas al río Toltén. Resulta que uno de los viejos de esa comunidad estaba sufriendo de la garganta: casi no podía respirar. "Ha de ser embrujo", me decía el valiente, así que lo acompañé y rápidamente decidimos hacer una *machitun*[7].

—¿Cómo fue la ceremonia? —preguntó Manquián.

—Tendimos al enfermo en la puerta de su *ruca* con un ramo de canelo en la cabeza. Los jóvenes de la comunidad hicieron sonar cascabeles a la vez que golpeaban rítmicamente el piso con sus bastones de jugar chueca. Yo tocaba mi *kultrung*. Luego, todos los participantes bebieron una pócima especial preparada por mí, para recibir el *püllü*[8] que nos pone en contacto con lo divino. Al ritmo de la música yo entré en trance, al tiempo que frotaba el cuerpo del viejo enfermo con hojas calientes

---

[7] *Machitun*: ceremonia de curación.

[8] *Püllü*: fuerza mágica.

NOSOTROS, LOS INDIOS

(*Agosto de 1969*) El inventor de Chile, don Alonso de Ercilla, iluminó con magníficos diamantes no sólo un territorio desconocido. Dio también a la luz a los hechos y a los hombres de nuestra Araucanía. Los chilenos, como corresponde, nos hemos encargado de disminuir hasta apagar el fulgor diamantino de la Epopeya. La épica grandeza, que como una capa real dejó caer Ercilla sobre los hombros de Chile, fue ocultándose y menoscabándose. A nuestros fanáticos héroes les fuimos robando la mitológica vestidura hasta dejarles caer un poncho indiano raído, zurcido, salpicado por el barro de los malos caminos, empapado por el antártico aguacero.

Nuestros recién llegados gobernantes se propusieron decretar que *no somos un país de indios*. Este decreto perfumado no ha tenido expresión parlamentaria, pero la verdad es que circula tácitamente en ciertos sitios de representación nacional. *La Araucana* está bien, huele bien. Los araucanos están mal, huelen mal. Huelen a raza vencida. Y los usurpadores están ansiosos de olvidar o de olvidarse. En el hecho, la mayoría de los chilenos cumplimos con las disposiciones y decretos señoriales: como frenéticos arribistas nos avergonzamos de los araucanos. Contribuimos, los unos, a extirparlos y, los otros, a sepultarlos en el abandono y en el olvido. Entre todos hemos ido borrando *La Araucana*, apagando los diamantes del español Ercilla.

La superioridad racial pudo ser un elemento bélico y unitario entre los conquistadores, pero la mayor superioridad fue posiblemente la del caballo. Siqueiros representó la Conquista en la figura de un gran centauro. Ercilla mostró al centauro acribillado por las flechas de nuestra Araucanía natal. El renacentismo invasor propuso un nuevo establecimiento: el de los héroes. Y tal categoría la concedió a los españoles y a los indios, a los suyos y a los nuestros. Pero su corazón estuvo con los indomables.

Gabriela Mistral fue indianista, como nuestro doctor Alejandro Lipchutz. Por mi parte yo no sólo soy indianista, sino indio. Y a nosotros tres nos han pasado cómicos episodios por cuenta de nuestra pasión.

Se sabe que Gabriela pidió en Roma a un Papa (cuyo número no recuerdo) que intercediera en una Encíclica por un mejor trato para los indios de América, especialmente por los del Perú. La humillada condición de los pobres incas sublevaba la sangre de nuestra compatriota.

El Santo Padre la miró sorprendido. ¿Estaba segura? ¿Era posible que en América quedaran indios todavía?

Cuando llegué a México de flamante Cónsul General fundé una revista para dar a conocer la patria. El primer número se imprimió en impecable huecograbado. Colaboraba en ella desde el Presidente de la Academia hasta don Alfonso Reyes, maestro esencial del idioma. Como la revista no le costaba nada a mi gobierno, el que ni siquiera me pagaba gastos de oficina, me sentí muy orgulloso de aquel primer número milagroso, hecho con el sudor de nuestras plumas (la mía y la de Luis Enrique Délano). Pero con el título cometimos un pequeño error. Pequeño error garrafal para la cabeza de nuestros gobernantes.

Debo explicar que la palabra *Chile* tiene en México dos o tres acepciones no todas ellas muy respetables. Llamar la revista "República de Chile" hubiera sido como declararla nonata. La bautizamos "Araucanía". Y llenaba la cubierta la sonrisa más hermosa del mundo: una araucana que mostraba todos sus dientes. Gastando más de lo que podía mandé a Chile por correo aéreo (por entonces más caro que ahora) ejemplares separados y certificados al Presidente, al Ministro, al Director Consular, a los que me debían, por lo menos, una felicitación protocolativa. Pasaron las semanas y no había respuesta.

Pero ésta llegó. Fue el funeral de la revista. Decía solamente: "Cámbiele de título o suspéndala. No somos un país de indios".

—No, señor, no tenemos nada de indios, me dijo nuestro embajador en México (que parecía un Caupolicán redivivo) cuando me transmitió el mensaje supremo. "Son órdenes de la Presidencia de la República".

Nuestro Presidente de entonces, tal vez el mejor que hemos tenido, don Pedro Aguirre Cerda, era el vivo retrato de Michimalonco.

La exposición fotográfica "Rostro de Chile", obra del grande y modesto Antonio Quintana, se paseó por Europa mostrando las grandezas naturales de la patria: la familia del hombre chileno, y sus montañas, y sus ciudades, y sus islas, y sus cosechas y sus mares. Pero en París, por obra y gracia diplomática le suprimieron los retratos araucanos: "¡Cuidado! ¡No somos indios!".

Pablo Neruda.
Opiniones Latinoamericanas,
No. I, Vol. I, Julio de 1978.

de laurel. Cerca de mí siempre estaba el *dungumachife* escuchando lo que yo decía. La ceremonia duró desde el mediodía hasta bien entrada la noche, pero el resultado fue satisfactorio.

—¿El anciano había sido embrujado por un *kalko*[9]? —inquirió Huillín.

—Así es. Justo al terminar mi trance y reponerme, el *dungumachife* me transmitió lo que yo había dicho en ese estado. El viejo había sido hechizado por un *kalko* ermitaño que en su juventud fue guerrero de la misma comunidad. Hace años, después de un consejo de dirigentes, expulsaron a este hombre por haber asesinado a un miembro de su mismo clan. Fueron benévolos al no matarlo, pero igual él tenía sed de venganza: aprendió hechicería y quiso hacerle daño al anciano que lo había acusado. Tan pronto terminó de hablarme el *dungumachife*, yo metí mi mano en la boca del enfermo y saqué una pequeña piedrecilla blanca. Allí estaba concentrado el poder del brujo.

—¿El anciano se recuperó?

—Sí, Manquián. Es saludable y posee gran sabiduría. Los guerreros de su comunidad decidieron hacer un *malón* a la cueva del brujo y le dieron muerte por su acción indebida.

—Ojalá su espíritu no siga haciendo daño —reflexionó Huillín—. Machi, ¿es cierto que algunas aves son en realidad la cabeza de algunos *kalkos*?

—Es cierto, por eso hay que ser prudente al cazarlas, porque desencadenar la furia de un *kalko* es fatal para el que lo hace. Bueno, creo que se está haciendo tarde y deben volver a casa.

—Pero antes cuéntanos un *epeo* ("cuento"), por favor.

—Está bien. Les contaré uno pero abreviado, no quiero que la noche los sorprenda por los caminos. Esta es la historia:

---

[9] *Kalko*: brujo o hechicero que hace daño. Su sola presencia causaba terror y se les perseguía por sus fechorías.

Una vez estaba el sillo ("perdiz") *cantando; cantaba muy bello diciendo que se iba a casar con su novia. El zorro, símbolo de astucia y a veces de traición, envidió su canto y le dijo que le enseñara a entonarlo. "Tendría que coserte la boca pues la tuya es muy grande", le dijo el* sillo *al zorro. "Pues hazlo ya", respondió el astuto. "Lo haré si me pagas con granos de maíz", dijo el* sillo*. El zorro aceptó el acuerdo y empezó a sentir mucho dolor mientras el* sillo *cosía su hocico, pero resistió. Luego de un rato, el sagaz animal estaba listo y comenzó a cantar. Lo hacía muy bien y se fue por los bosques olvidándose de su benefactor. El* sillo *intentó cobrar su deuda pero el zorro lo ignoró. "Debo tomar revancha", dijo para sí el* sillo*. Así fue como al cruzar un paraje, y por influencia mágica del ave, el zorro no pudo seguir cantando porque emitió un sonido que le hizo abrir completamente su boca. Fue muy grande el dolor que el astuto sintió, y en seguida se percató de que el* sillo *se había vengado. Entre tanto, el* sillo *se quitó sus plumas y las dejó a un lado del camino. El herido se abalanzó sobre ellas pensando devorar el ave, pero lo único que hizo fue atorarse con esas plumas, a la vez que su boca le seguía doliendo. Por eso el zorro persigue al* sillo*, pues aún tiene rabia por lo que le hizo.*

—Muchas gracias machi, ahora debemos irnos —dijeron los muchachos.

La hechicera les dio un par de pewén para el camino; los muchachos llegaron a su aldea justo al ocaso, y ambos estaban ansiosos por ver a la nueva esposa de Tromü. Tenían preparado un banquete para festejar, del que hacía parte el venado obtenido en el juego de chueca.

Alguien corrió la voz y los novios se aproximaron cabalgando juntos. El chamal de la muchacha combinaba el rojo y el blanco mediante motivos geométricos y en su atuendo sobresalían las pulseras de plata. El trabajo con dicho metal había sido aprendido recientemente por mapuches que tenían contacto con artesanos incas. Empezó la celebración y el ánimo era festivo, todos los jóvenes saludaron a la muchacha que cumplía con todas las exigencias de la belleza mapuche: cabello largo y negro, ojos grandes del mismo color, pestañas largas y pies anchos.

Después de un rato, los dos amigos lograron acercarse a la recién casada y le preguntaron:

—¿Vienes del lago Caburgua, no es cierto?

—Sí, muchachos. Mi comunidad vive felizmente en sus orillas.

—¿Y estás contenta con Tromü? —preguntó Manquián.

—¡Oh sí! Por fortuna mis padres aceptaron que me raptara para hacerme su esposa. Es un guerrero apuesto y valiente: su aspecto me recuerda las historias sobre el gran Lautaro.

—Es posible que Tromü decida tener más esposas, ¿no lo crees? —inquirió Huillín.

—Sí. Pero yo seré la principal y por eso respetada como tal. Me satisface.

—¿En tu comunidad no murió un viejo hace poco? Creo recordar que muchos de los nuestros fueron allí con motivo del funeral —expresó Manquián.

—Tienes razón. Ese viejo, tío de mi madre, era una persona muy apreciada en mi clan. A su funeral acudieron varios de los habitantes de esta aldea.

—¿Podrías contarnos cómo fue su funeral?

—Claro que sí. Como saben, los difuntos no parten en seguida: se quedan entre nosotros durante algunos días. Así que pusimos a mi tío junto al fuego y le ofrecimos comida, para que su *pülli* ("espíritu") se alimentara. Varios días después, cuando llegaron los parientes y conocidos, se hizo el *pillhau* ("ataud"), el cual requirió de un buen tronco de árbol pues su peso y estatura eran considerables. Recuerden que el *pillhau* se asemeja a una canoa y esa es su función, pues el espíritu de los muertos debe iniciar un peligroso viaje por el mar antes de llegar a la que será su nueva residencia. Pues bien, para alejar las fuerzas malignas, muchos de nosotros llevábamos banderas blancas que íbamos pasando de mano en mano. Esa tarde nuestros invitados comieron y bebieron chicha. No olviden que siempre, como primera instancia, hay que ofrecer esta bebida al *pülli* de los difuntos. De lo contrario puede enojarse y hacernos daño. Al día siguiente marchamos al cementerio. Allí no fueron pocos los discursos elogiosos, y los asistentes hicieron gala de la gran oratoria que caracteriza a nuestro pueblo.

—El *pülli* del difunto seguramente se encuentra acá, danzando entre nosotros —interrumpió Tromü, un poco en broma y un poco en serio—. Ahora, esposa, prepárate, pues voy a ofrecer un discurso en honor de nuestro matrimonio.

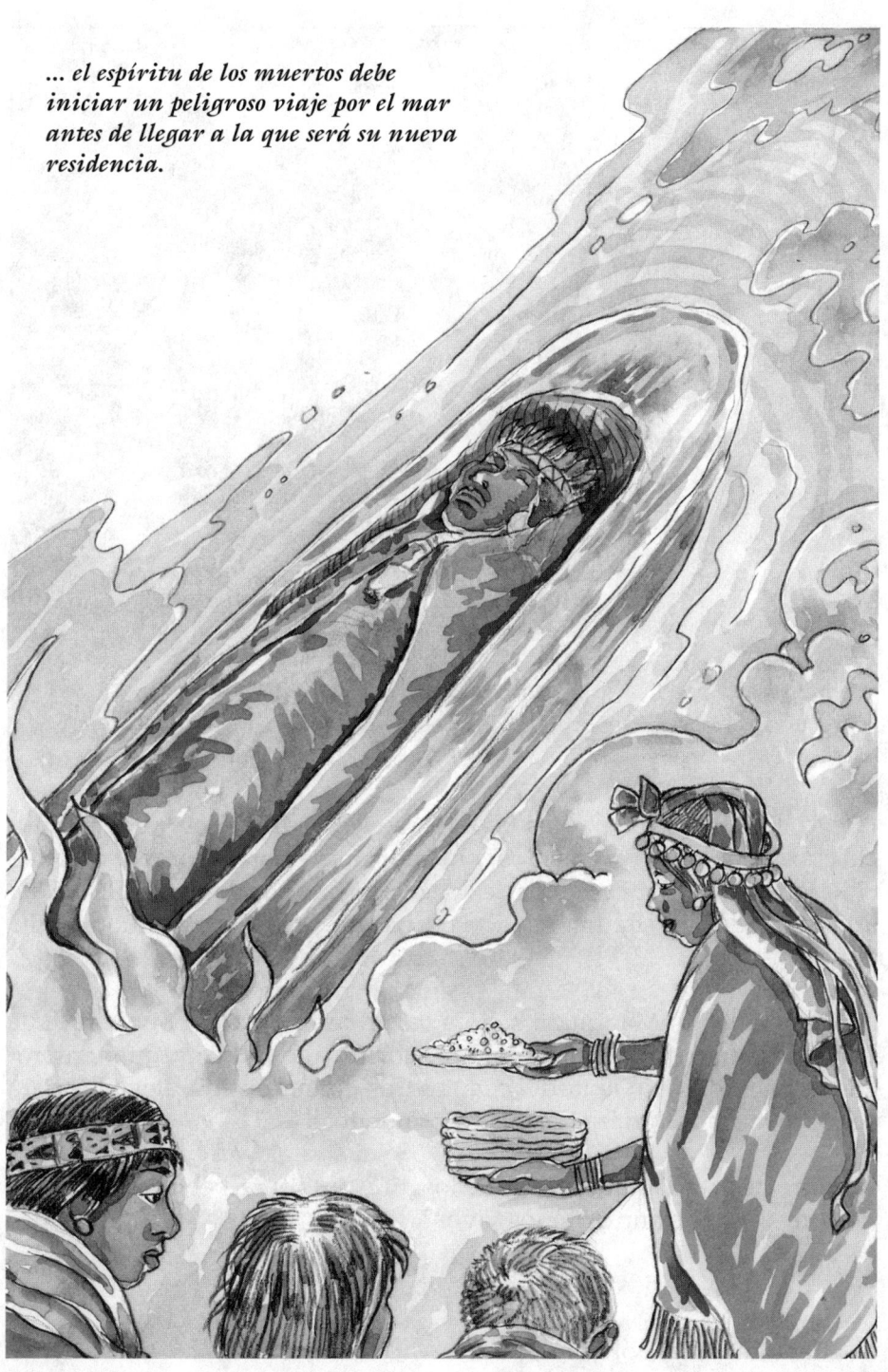

... el espíritu de los muertos debe iniciar un peligroso viaje por el mar antes de llegar a la que será su nueva residencia.

Familia mapuche, a principios del siglo XX.

Luego del novio, sus padres también hicieron discursos, pero los muchachos estaban muy cansados como para escucharlos completos, y decidieron ir a dormir. Por su parte, los recién casados debían ir al otro día a la aldea donde ella habitaba, para hacer el festejo matrimonial allá también.

Al día siguiente, Manquián salió a cazar con su padre. Supieron que había un grupo de guanacos en dirección al lago Colico, y querían probar su habilidad. En la tarde, cuando dos guanacos eran llevados para ser aprovechados en la *ruca*, el joven indagó:

—Padre, ¿es verdad que el *pülli* de los difuntos come, bebe y actúa como nosotros, los que aún estamos vivos?

—Sí, hijo. Hay varias historias que nos hablan de esto.

—Cuéntame una, por favor, padre.

—Está bien. Sólo espero recordarla de manera fiel, pues hace rato que no te cuento una historia.

Se dice que una vez, cuando murió la muy amada esposa de un mapuche, éste, al no poder resignarse a dicha pérdida, se fue al cementerio para espiar, buscando volver a verla. Ella, o más bien su pülli, *salía de la tierra y se marchaba. Así fue como él la encontró y la persuadió para que lo llevara a donde fuera, para volver a ser esposos nuevamente.*

Siguieron un estrecho y muy, muy largo sendero. En el camino ella desaparecía de día dejando dormido a su esposo, y en la noche reaparecía y seguían caminando. Cuando por fin llegaron a la orilla de un enorme río negro, mágicamente la mujer convirtió a su marido en una especie de envoltorio, que llevó escondido debajo de su brazo. Entonces, un hombre en una canoa negra como el río, vino y llevó al otro lado a la difunta. Cuando estuvieron allá no hubo necesidad de esconder al esposo y éste se percató de que todos los que se encontraban en ese sitio eran como mapuches: comían, bebían, danzaban y se divertían como si estuvieran vivos. Pero esto ocurría sólo durante la noche, pues en el día la gente se transformaba en carbón.

Mujer mapuche hilando algodón.

El marido se adelgazó mucho y enfermó de gravedad. Entonces su mujer dijo: "Debes volver inevitablemente donde tus semejantes, pero tranquilízate, no estarás allá por mucho tiempo, volverás y estaremos juntos de nuevo". Así lo hizo, regresando al lugar de los vivos, donde contó lo que le había ocurrido. Al poco tiempo murió. Por eso es que los mapuches sabemos que los difuntos sólo están con nosotros unos días y después se van a algún lugar más allá del mar, en donde están de manera similar a como estuvieron aquí, entre los vivos. Esa es la historia[10].

Al regresar a la aldea, el joven visitó a su amigo y le propuso ir al día siguiente a ver a la machi, para que les contara otra historia. A ellos se unieron sus compañeros Carilemo y Meliantö.

LA GALLARDÍA MAPUCHE

Como ya era costumbre, la machi salió a esperar a los muchachos que en esta ocasión traían como presente una buena provisión de papas. Cuando ingresaron a la cueva de la hechicera, los chicos pidieron a la machi un cuento.

—Creo que ya debes conocer, Manquián, la historia del muchacho que tenía tu mismo nombre, y que quedó como piedra en el mar. ¿No es así?

—¡Oh, sí! Pero cuéntale la historia a mi amigo Huillín, que seguro no la conoce.

—Es cierto, cuéntamela por favor —dijo Huillín, cuyo nombre significaba "nutria".

—*Había un muchacho muy apuesto con el mismo nombre que tu amigo, pues pertenecía al clan* mangké *("clan del cóndor"). Bien, hubo un enfermo en la aldea y los hombres debían ir hasta una piedra que sobresalía en el mar, cerca de la costa. Una vez allí encontraron la pequeña roca cuya energía era necesaria para la curación. Al pasar por un chorro de agua que brotaba de una piedra, inexplicablemente el joven Manquián se sintió enamorado. No quería irse de allí: el insólito sentimiento por la piedra se manifestó en el hecho de que los pies del joven quedaron adheridos a ese lugar. Los compañeros de Manquián hicie-*

---

[10] El mito es similar a la historia griega de Orfeo, que baja al Hades por su esposa.

Cuando ingresaron a la cueva de la hechicera, los chicos pidieron a la machi un cuento.

Joven mapuche sometido al escarnio del cepo.

ron una rogativa y sacrificaron animales para que la piedra lo soltara, pero fue en vano. Los ancianos sabedores acudieron al lugar y dijeron: "Hace años ya que en sueños vimos lo que ocurriría. Manquián será desde ahora el 'dueño del mar' y todos lo veneraremos como tal, como un sumpall[11].

Así fue: Manquián quedó convertido en piedra y desde ese entonces los mapuches miran hacia la costa, diciendo: "Esa piedra que está allá es Manquián, habitante del agua. Ahora Manquián está en el mar". Eso cuentan, esa era la historia que pidieron les contara[12].

---

[11] Así como los mapuches eran "gente de tierra", había "gente del agua" o "gente del mar". Éstos eran los *sumpall*.

[12] Versiones completas de las historias de este capítulo se encuentran en: SALAS, Adalberto. *El mapuche o araucano*, Madrid. Ed. Mapfre, 1992.

—Es una bella historia Chiwai. Gracias por compartirla.

—Pero, dinos una cosa: noto tu ánimo turbado hoy, ¿por qué hay desazón en tu corazón? —preguntó Manquián.

—Eres inteligente y perceptivo, amigo. Algún día también podrías convertirte en un machi. Pero es cierto: hoy los espíritus me han dado una visión preocupante. Veo escuadrones de invasores vestidos de metal, que vienen por nosotros una vez más; eso me llena de pesar.

—Pero somos valientes, lucharemos y no nos someterán —dijo Huillín.

—Eso es cierto —expresó la machi—, somos mapuches, "gente de la tierra"[13]. Nuestro espíritu indomable nos hace amar la libertad; no creemos en soberanos todopoderosos como sí lo hacen los recién llegados. Nuestros jefes no son omnipotentes y su función principal es organizar nuestras luchas, no ordenar el cumplimiento de sus caprichos. Nuestros ancianos han acumulado gran sabiduría con el transcurrir del tiempo. En los consejos la palabra inteligente vale para dictaminar nuestras acciones, somos grandes guerreros, herederos de Lautaro y Caupolicán, gran *toqui*[14] este último; ellos, aconsejados por las sabias palabras de Colocolo y los otros viejos, libraron espectaculares luchas en contra de los recién llegados[15]. Estoy segura de que así como vencimos a los "hijos del sol"[16] y detuvimos su conquista en la región de El Maule, así mismo, daremos buena cuenta de los guerreros vestidos de metal.

—Es preciso avisar a los jefes locales sobre tu visión —dijo Manquián.

—Es cierto —aceptó Chiwai—, acompáñame.

---

[13] De *mapu* "tierra" y *che* "gente".

[14] *Toqui*: jefe militar principal, que sólo ejercía en caso de enfrentamiento bélico. Era nombrado en consejo general por los caciques.

[15] Dichos episodios se narran en *La Araucana* de Alonso de Ercilla.

[16] *Hijos del sol*: así llamaban a los incas.

En el camino a la aldea un remolino de viento intentó rodearlos, pero se deshizo en unos pocos segundos. La machi decía:

—El remolino de viento en el camino es señal de que los espíritus están con nosotros, pero éste se marchó demasiado pronto. Sólo espero que no sea un mal augurio, porque la gallardía de las gentes del Arauco debe protegernos de la sumisión y la esclavitud. Así deberá ser por siempre[17].

---

[17] Esa misma gallardía hizo que los araucanos no se sometieran completamente sino hasta el siglo XVIII. Su resistencia ante la conquista es, tal vez, la más grandiosa que diera grupo amerindio alguno.

Bibliografía

Arqueología mexicana (Los dioses de Mesoamérica) Vol. IV. No. 20 de julio - agosto de 1996.

CASTELLANOS, Juan de. *Elegías de varones ilustres de Indias*. Bogotá, Biblioteca de la Presidencia de la República, Editorial A.B.C., 1955.

DÍAZ DEL CASTILLO, Bernal. *Entrada de Cortés en México*. En *Historiadores de Indias*. México, Editorial Cumbre, 1977.

DURÁN, Fray Diego. *Historia de las Indias de la Nueva España e Islas de la tierra firme*. México, Editorial Nacional, 1951.

ERCILLA, Alonso de. *La Araucana*. Bogotá, Panamericana Editorial, 2001.

EDWARDS, Agustín. *Gentes de antaño*. Valparaíso, Imprenta y Litografía Universo, 1930.

ESTEVE BARBA, Francisco. *Descubrimiento y conquista de Chile*. Barcelona, Salvat, 1946.

FRAY PEDRO SIMÓN. *Noticias historiales de las conquistas de tierra firme en las Indias Occidentales"*. Madrid, Publicaciones Españolas, 1961.

KEEN, Benjamín. *La imagen azteca*. México, Fondo de Cultura Económica, 1984.

KRICKEBERG, Walter. *Mitos y leyendas de los aztecas, incas, mayas y muiscas*. México, Fondo de Cultura Económica, 1984.

LEÓN-PORTILLA, Miguel. *La filosofía náhuatl*. México, Instituto de Investigaciones Históricas, 1974.

_____ *Los antiguos mexicanos a través de sus crónicas y cantares*. México, Fondo de Cultura Económica, 1961.

NERUDA, Pablo. "Nosotros los indios". En *Opiniones Latinoamericanas*, No. 1, Vol. 1, 1978.

OCAMPO LÓPEZ, Javier. *Mitos Colombianos*. Bogotá: El Áncora Editores, 1992.

PÉREZ DE BARRADAS, José. *Los muiscas antes de la conquista*. 2 vols. Madrid, Inst. Bernardino de Sahagún, 1950.

PIEDRAHÍTA, Lucas Fernández de. *Historia general de las conquistas del Nuevo Reino de Granada*.

PLAZAS DE NIETO, Clemencia y FALCHETTI, Ana María. *El territorio muisca a la llegada de los Españoles*. Bogotá, Cuadernos de Antropología, U. de los Andes, 1973.

PREUSS, Konrad Theodor. *Religión y mitología de los uitotos*. 2 vols. Bogotá, Universidad Nacional de Colombia, 1994.

ROJAS DE PERDOMO, Lucía. *Los muiscas*. Bogotá, I.B.M. de Colombia, 1977.

SAHAGÚN, Fray Bernardino de. *Historia general de las cosas de la Nueva España*. 4 vols. México, Editorial Porrúa, 1956.

SALAS, Adalberto. *El mapuche o araucano*. Madrid, Colecciones Mapfre, 1992.

SOUSTELLE, Jacques. *La vida cotidiana de los aztecas en vísperas de la conquista*. México, Fondo de Cultura Económica, 1977.

TRIANA, Miguel. *La civilización chibcha*. Bogotá, Banco Popular, 1984.

URBINA, Fernando *Amazonia: naturaleza y cultura*. Bogotá, Banco de Occidente, 1986.

_____ *La metamorfosis del hombre-serpiente*. Catálogo-folleto de la muestra fotográfica itinerante sobre: Mitos y petroglifos en el río Caquetá. Bogotá, Ed. Universidad Nacional, 1980.

_____ *Las Hojas del Poder*. Bogotá, Universidad Nacional de Colombia, 1992.

_____ *Palabra-Obra*. Catálogo de Exposición. Bogotá, Organización de Estados Iberoamericanos O.E.I., 1995.

VILLALOBOS, Sergio. *Chile y su historia*. Santiago, Editorial Universitaria, 1993.

VON HAGEN, Victor W. *Los aztecas*. La Habana, Instituto del Libro, 1970.

12/14 ③ 5/13
2/16 ③ 5/13